生活·讀書·新知 三联书店

子安宣邦作品集

何谓"现代的超克"

［日］子安宣邦 著
董炳月 译

Copyright © 2008 Nobukuni Koyasu
Originally published in Japan in 2008 by SEIDOSHA Co., Ltd.
Simplified Chinese translation copyright © 2018 by SDX Joint Publishing Company.
All rights reserved.
No part of this book may be reproduced in any form without the written permission of the publisher.
Simplified Chinese translation rights arranged with SEIDOSHA Co., Ltd., Tokyo through AMANN CO., LTD., Taipei.

本作品简体中文版权由生活・读书・新知三联书店所有。
未经许可，不得翻印。

图书在版编目（CIP）数据

何谓"现代的超克"／（日）子安宣邦著；董炳月译. —北京：生活・读书・新知三联书店，2018.6
（子安宣邦作品集）
ISBN 978-7-108-06083-9

Ⅰ.①何⋯　Ⅱ.①子⋯ ②董⋯　Ⅲ.①思想史-研究-日本-现代　Ⅳ.① B313.5

中国版本图书馆 CIP 数据核字（2017）第 205159 号

责任编辑	叶 彤 　李静韬	
装帧设计	康 健	
责任印制	徐 方	

出版发行　生活・讀書・新知三联书店
　　　　　（北京市东城区美术馆东街 22 号 100010）
网　　址　www.sdxjpc.com
图　　字　01-2017-6127
经　　销　新华书店
印　　刷　河北鹏润印刷有限公司
版　　次　2018 年 6 月北京第 1 版
　　　　　2018 年 6 月北京第 1 次印刷
开　　本　880 毫米 × 1230 毫米　1/32　印张 8
字　　数　186 千字
印　　数　0,001-8,000 册
定　　价　49.00 元

（印装查询：01064002715；邮购查询：01084010542）

译者说明

一、本书的翻译底本为《「近代の超克」とは何か》，东京：青土社，2008年6月第1版。

二、本书日文版各章是沿用本书在《现代思想》杂志上连载时的序号。中文译本将"序章"独立出来，调整了各章序号。正文涉及章节序号的文字做了相应调整。

三、日文原著中各章的注释全部置于书后，中文译本全部改为当页页下注，以便于读者阅读。译者的注释均在注释后面标明"——译注"，未标明者为原注。译者在原注中补充的内容，则在原注注释文字后面标明"译者说明"。

四、正文中方括号（[ ]）内的文字为译者的补充或说明。

五、日文原著中的日本年号如"明治""昭和"等，有历史感并且包含着多种社会、思想、文化内涵，故译文同样使用。原著中日本年号后面，有的标明了公元纪年，有的没有标明。为了便于读者理解，中文译本在日本年号后面统一标注了公元年次，如"昭和十二年（1937）"，不一一说明。

目　录

致中国读者 ·· 1

序章　"现代的超克"论
　　——昭和意识形态批判 ································ 1
一　竹内好的战后式发言 ······································ 1
二　竹内好的反语式两义性 ···································· 3
三　"昭和日本"·"昭和现代" ································· 5
四　"昭和现代"的起点 ······································· 7
五　昭和意识形态 ·· 9

第一章　何以"现代"并且"超克"？
　　——"现代的超克"与三次座谈会 ······················ 13
一　"现代的超克"座谈会 ···································· 13
二　为何是"现代"？ ·· 15
三　"现代"与自我理解 ······································ 18
四　缺席者与两次座谈会 ····································· 20

五　缺失的中国 …………………………………………… 22

第二章　谁正视了中国的战争事实？
　　　　——"大陆政策十年之研讨"座谈会 …………… 26
一　首先是发生了"事变" …………………………………… 26
二　事变与世界史意义 ……………………………………… 30
三　存在于中国的战争事实 ………………………………… 31
四　中国的民族主义与东亚协同体 ………………………… 35
五　"大陆政策十年之研讨"座谈会 ………………………… 38

第三章　"世界史之哲学"的时代
　　　　——"世界史立场与日本"座谈会 ………………… 42
一　"世界史之哲学"与京都学派 …………………………… 42
二　为何是"世界史"？ ……………………………………… 44
三　三木清与他们之间 ……………………………………… 48
四　"世界史的日本"之发现 ………………………………… 50
五　"世界史使命" …………………………………………… 54
六　十二月八日与道义性生命力 …………………………… 56

第四章　诗改变世界秩序
　　　　——日本浪漫派与文学反叛 ………………………… 59
一　昭和与浪漫主义式转变 ………………………………… 59
二　"剑与诗"的叛乱 ………………………………………… 61
三　"诗"的形成 ……………………………………………… 65

四　昭和的文学性反叛 …………………………………… 68
五　自然主义为何被否定？ ……………………………… 72

第五章　东亚与"日本式和平"的构思
　　　　——"帝国之希求在于东亚之永久安定" ……… 78
一　"新秩序"声明与"协同体"理论 ………………… 78
二　"昭和十三年"这一年 ……………………………… 80
三　何谓"新秩序"？ …………………………………… 84
四　"日本式和平"的构思 ……………………………… 88
五　什么是他们的优先权？ ……………………………… 90

第六章　何以如此感动于宣战？
　　　　——在"支那事变"与"大东亚战争"之间 …… 93
一　十二月八日 …………………………………………… 93
二　感动表明了什么？ …………………………………… 96
三　"支那事变"的不透明性 …………………………… 99
四　"支那事变"的意义 ………………………………… 102
五　开战与错误的感动 …………………………………… 104
六　为何如此感动于宣战？ ……………………………… 105

第七章　即使战争无偿而终
　　　　——保田与重郎的战时与战后 ………………… 109
一　对于失败的假设 ……………………………………… 109
二　为何是蒙疆？ ………………………………………… 112

三　告别北京 ··· 115

四　"现代"终结之战 ··· 118

五　归我故园 ··· 121

六　从负面底层进行的战争 ··· 123

七　水稻种植与亚洲价值观 ··· 125

第八章　日本现代批判与"奴隶论"视角
　　　　——竹内好与两个鲁迅 ····································· 129

一　欧洲的自我运动 ··· 129

二　"竹内好"这一问题 ··· 133

三　昭和十年代竹内好的鲁迅 ·· 137

四　昭和二十年代竹内好的鲁迅 ······································ 141

五　"奴隶论"式的现代批判 ·· 144

第九章　"现代的超克"与战争的二重性
　　　　——竹内好与"永久战争"的理念 ···················· 148

一　"现代的超克"论及其再论 ······································· 148

二　战争的二重性（一） ·· 151

三　战争的二重性（二） ·· 154

四　日本近现代史的二重原理 ·· 156

五　是否存在着"亚洲原理"？ ······································· 158

六　所谓"永久战争" ·· 162

七　战后式"现代的超克"论 ·· 165

第十章　亚洲主义这一近现代日本的对抗轴
　　——日本近现代史与战争的二重性 ·············· 168
一　为何是两场战争？ ·············· 168
二　"日华事变"并未解决 ·············· 172
三　日本近现代史的难关 ·············· 175
四　亚洲主义是什么？ ·············· 177
五　对于亚洲主义的辩解式重构 ·············· 180
六　亚洲主义这一对抗轴 ·············· 184

第十一章　什么是由亚洲进行的超克？
　　——以《作为方法的亚洲》为中心 ·············· 188
一　竹内好的"六〇年讲稿" ·············· 188
二　"作为方法的亚洲" ·············· 191
三　"作为方法的中国" ·············· 195
四　什么是从亚洲出发的超克？ ·············· 201
五　再谈"作为方法的亚洲" ·············· 205

后　记 ·············· 210

竹内好的"现代"话语（代译后记） ·············· 215

致中国读者

所谓"现代的超克"论，就是在昭和日本被称作"十五年战争"的时期日本知识分子的自我理解话语。在昭和日本的这一时期，他们被要求进行世界史式的、新的自我理解。"现代的超克"论的展开，是作为追求世界秩序之重构的政治话语，或者作为追求世界史之多元性重构的历史哲学话语，进而是作为围绕"亚洲式之物"的文明论话语，或者是作为亚洲民族主义话语，等等。我在本书中所进行的，即为对该"现代的超克"论诸种话语性质的批判性解读，同时解析那些话语所具有的现代意义。

我将昭和日本的"十五年战争"看作"现代的超克"论成立的背景。"十五年战争"一语，是对昭和日本的"亚洲–太平洋战争"的总体性表述。即，从日军以1931年的"柳条湖事件"为契机侵占中国东北开始，经过1937年"卢沟桥事变"的转折，日本与中国进入未曾宣战的战争状态，战争在军事、政治诸方面均未获最终解决，因之日本发动了1941年的太平洋战争作为最终解决手段，结果在1945年战败。这场"十五年战争"的最后阶段虽然在太平洋和南亚各地区展开，但可以说，这场战争主要是以中国大陆作为舞台、作为战场的。这场"十五年战争"，是作为"现代的超克"论这一日本知识分子建构的世界史式的自我理解话语之背景的重要历史事实而存在的。

"十五年战争"是起因于日本帝国对世界史与世界秩序进行帝国主义式重新组合、重新建构的要求。——在当时，这样理解的日本人绝不在少数。马克思主义者、社会主义者等人士应当也曾是这样理解的。但是，努力在强化极权主义国家体制的同时展开"总体战"的日本，对知识人提出了为帝国重新确定世界史位置的要求。对于该要求，他们这些知识人用"东亚新秩序"构想、"东亚协同体"论、"世界史的哲学"等进行了回应。我将那些言论作为太平洋战争开始时他们曾经展开的那种"现代的超克"论进行总括。在当时，这些言论是要在地缘政治学式的"东"与"西"的对抗性框架之中寻求克服"现代"的原理。那"现代"意味着欧洲式现代。所谓"现代"，即由资本主义、物质主义文明的特质与个人主义、利益社会的特质所构成的"欧美式之物"的历史符号。那个"现代"，被看作必须和欧美的一元化世界统治欲求一起被"亚洲的现代"克服的世界史之前的时代。

但是，发生在中国的战争这一事实，持续地用怀疑的暗云覆盖日本知识人的心灵，不停地使他们的"东亚新秩序"论述成为虚伪的话语。唯其如此，对英美开战时包括知识人在内的许多日本人才发出了欢呼声。他们第一次找到了在中国持续进行无理由战争的正当理由，即"现代的超克"第一次成为日本发动的这场战争的历史性、哲学性理由。

不过，这种转换一方面导致了将"十五年战争"作为"两场战争"来认识的看法——对中国的无法正当化的战争与对英美的能够正当化的战争这种看法——的出现，另一方面又将"现代的超克"这一课题封闭在"东"与"西"这种地缘政治学性质的、"对抗性"的框架之中。这些是应当称作"'现代的超克'论的战后"的问题，亦即我在本书中通过对竹内好与沟口雄三的评说所讨论的问题。沟口一方面从中国历史中读出了"独自的现代"，一方面展开了对"社会主义"中国所进行的"现代的超克"的阐述。不过，他不知道，通过"东"与"西"这种地缘政治学式的"对抗性"框架所进行的超克，正是基于20世纪前期的图式所展开的"现代的超克"论。现在我们所面对的问题应当是：全球化资本主义这种现代世界体制的本质性转换怎样才是可能的？

我在本书中所进行的，也并非对"现代的超克"论的现代式重读。毋宁说，撰写本书是为了从置身"十五年战争"中的日本知识人的苦闷之中发现与中国建立本质性联合的可能性。在世界危机持续存在的今天，应当追求的就是中日两国间的本质性联合。这本书的中文版在日中战争结束七十周年的这一年进入翻译出版流程，其意义大概正在于此。

我要对将本书翻译为中文的董炳月先生表达衷心的感谢之情。这本书包含着文学性修辞，绝对不易阅读，将其翻译为中文的，只能是曾经翻译过拙著《国家与祭祀》的董炳月先生。能够幸运地与董先生相遇，我感谢上帝！

同时，我也衷心感谢推动本书翻译出版的林少阳先生和三联书店的编辑叶彤先生！

子安宣邦
2015年3月10日

序章
"现代的超克"论
——昭和意识形态批判

> 所谓"现代",要言之,那只能说不外乎自己这十几年间所体验过的混乱本身。
>
> ——龟井胜一郎《座谈会"现代的超克"》

> 可以说,"现代的超克"即为日本近现代史之难关的凝缩。
>
> ——竹内好《现代的超克》

一 竹内好的战后式发言

竹内好在发表于昭和二十六年(1951)九月号《文学》杂志上的论文《现代主义与民族问题》中,就"日本浪漫派"在战后被默杀提出了看法。即其所谓"包括马克思主义者在内的现代主义者们,避开鲜血淋漓的民族主义而前行。把自己判定为受害者,将民族主义的极端化看作自己责任之外的事情。默杀'日本浪漫派'被认为是正确的"①。竹内撰写这篇论文的那一年——昭和二十六年(1951)我升入

---

① 竹内好的《现代主义与民族问题》最初刊载于《文学》杂志的"民族问题在日本"特辑(1951年9月),后收入《革命与人的解放》以及《国民文学论》。本文据《竹内好评论集》第二卷《新编日本意识形态》(筑摩书房,1966)收录者引用。

大学。我升入大学与反战运动具有直接的相关性。朝鲜战争在那前一年爆发，美国建构的占领日本体制被迅速地重建为反共军事体制。与《日美安全保障条约》（以下简称《安保条约》）相伴随的《对日和平条约》签订于旧金山，是在竹内好发表上面这篇论文的昭和二十六年（1951）九月。第二年即昭和二十七年（1952），以《安保条约》为基础的《日美行政协定》签署，日本国内美军基地的兴建或扩建同时进行。反基地斗争交织在我当时的校园生活之中。我在此以竹内的论文为线索谈论具有个人经历色彩的事情，是为了对竹内这种战后式发言背后的1950年代日本的状况进行我个人式的确认。

我是面对日本被编入反共军事体制、实行再军备的现状，从反战、反民族主义的理念出发站在对立面进行抵抗的。因此，对于我来说，竹内好那种包含着反讽的两义性言论是无法理解的，并且具有情感上的错位。其无法理解之处，就像从本节开头引用的那段话中能够看到的，在于将反现代主义与民族主义相连接而构成的竹内好的反语式、两义性民族主义话语。不言而喻，当时我并未对竹内话语进行这种分析。当时的我仅仅是对于竹内民族主义怀有无法理解的印象。对于我来说无法理解的竹内好的言论，在1959年的"现代的超克"讨论中与龟井胜一郎的言论相一致，进而发展成为表述太平洋战争（"大东亚战争"）自身之两义性·二重性的言论——所谓"大东亚战争是殖民地侵略战争，同时也是对帝国主义的战争"[①]。对于当时的我来说无法理解，而且现在依然不能说已经理解的竹内

[①] 竹内好的论文《现代的超克》是为《现代日本思想讲座》第七卷《现代化与传统》（筑摩书房，1959）而作。后来又被收入《现代日本思想大系》第四卷《民族主义》（筑摩书房，1963）、《现代的超克》（筑摩丛书，1983）等。本文依据《竹内好评论集》第三卷《日本与亚洲》（筑摩书房，1966）收录者。

话语的两义性，大概就是对于昭和史或者日本现代史——集中体现为长达十五年的亚洲太平洋战争的昭和史或者日本现代史——的反语式话语的两义性。

而且，我在1960年代以后的很长时间里未曾思考过竹内好。我再次审视竹内的战后发言，则是到了被称作战后五十年的时期。那是1980年代末，时间上与柏林墙坍塌这一世界历史的转折相重叠，也是"现代日本或者昭和日本究竟为何物"这一问题被从根本上重新追问的时期。那个重新追问的课题也交给了我。① 我是一边回答那个课题中的问题，一边重读竹内好的战后发言。而且，现在，在主动接受讨论"现代的超克"论这一课题的同时，我通过思考认识到：存在于竹内好战后式发言中的两义性自身，在将战前昭和历史与战后建立关系的同时，提供了解读"昭和日本"或者"昭和现代"的钥匙。

二　竹内好的反语式两义性

竹内好战后发言中的两义性，可以直接归纳为"现代日本在亚洲之中而非亚洲"一语。竹内大概是使用地缘政治学词汇将对于既是亚洲又非亚洲的日本的那种迷恋与否定进行了双重性、矛盾性的表达。而且，竹内好也是从那场战争中看出了二重性——"为了亚

---

① 该课题本是应邀为岩波讲座《现代思想》的编辑与杂志《现代思想》而撰写。其成果被编辑整理为《现代知识考古学——国家·战争·知识人》（岩波书店，1996）。关于竹内好，是在该书第四章"论日本的现代与现代化——战争与现代日本的知识人"中进行叙述的。另外，《日本现代思想批判——国家知识的形成》（岩波现代文库，2003）为该书的增补改订版。

洲的战争"与"对于亚洲的战争"。现在，我们是将昭和日本发动的战争称作"亚洲·太平洋战争"。我认为，这种命名本身与其说是肯定了竹内所说的战争二重性，不如说是已经否定了那种二重性。不过，关于环绕战争之二重性的问题，下文还会涉及，这里暂且不论。在此，我试图思考一种可能性——将竹内好这里的两义性概念、将那场战争在历史的中心所拥有的"昭和日本"或者"昭和现代"这种时代的反省性知识（例如本章副标题提出的"昭和意识形态论"）作为视角（批判性地发现并展开问题的视角）的可能性。

竹内好这里的反语式两义性话语，就像从上文引用的重新评价"日本浪漫派"的言论中所能看到的，是由反现代主义与民族主义二者关联性地组合而构成的。所谓现代主义，在竹内话语中是民族主义的相关性对立项。"现代主义在日本文学中具有统治性倾向。这是我的判断。所谓现代主义，换言之，即不包含或者排除对民族进行思考的路径。就是如此。"竹内在前引论文中这样说。就像这里用极为竹内色彩的主观性语调、对含义缺乏说明的判定性语调所表达的，现代主义乃与民族主义相对立的某种观念，民族主义即"反·现代主义"的某种观念。二者确实构成了相关性对立项。将此二者作为相关性对立项的两义性话语，是用下面的论述展开的——

日本的现代只要是以欧洲式现代为范本的现代，则所谓作为其"反"的民族主义就是对于本土性亚洲的追求。而且，对于日本而言的现代只要是作为表层变化的现代，那么，作为其"反"的民族主义就会要求源自深邃的亚洲底部的变革主体的出现。或者说，日本的现代国家只要被看作通过对先进欧洲式文明的模仿式接受而形成的伪似现代国家，则作为其"反"的民族主义就会追求拥有民魂的真正的民族国家。要言之，日本的现代如果是外来的，则作为其"反"的民族主义就会主张亚洲的真正的现代。

所谓构成这种两义性话语的反语，意味着一种话语态度——在从根本上不停地追求真正之物的同时执着地否定实现于表层的伪似之物。这正是提出"作为反讽的日本"的日本浪漫派或者保田与重郎的话语态度。竹内共有、继承了保田的这一浪漫主义反语式话语。由对于日本表层现代的伪似性的否认、对于亚洲式日本及其民族主体深层的钟情而构成的竹内反语式两义性话语——对这种话语进行了以上详述之后，就能知道这已经是由"昭和日本"的反思性知识所构成的历史性自我理解、日本理解的话语。

三 "昭和日本"·"昭和现代"

我这里所谓的"昭和日本"或者"昭和现代"，是指以亚洲·太平洋战争为起点延续至其终结的昭和时代，或者说是指日本始自1930年代延续了将近半个世纪的时代。就是将只把所谓"太平洋战争"作为战争而区分开来的"战前""战后"时代，作为与"十五年战争"同时开始、开战之后多次声称战争终结但总也终结不了、拖延到战后的时代作为同一个时代，这一时代的日本即我所谓的"昭和日本"。将此"昭和日本"称为"昭和现代"，是因为这个时代确实是被"现代"——追求那种思想性超克、"超克"被宣扬甚至成为讨论主题的"现代"——所统治的时代。在"昭和现代"，"反·现代主义"被置于其时代主潮的对立面。关东大地震之后完成复兴的帝国之都作为摩登大东京而出现。有马学指出，在战前昭和的日本社会，"非常时期"这种意识普遍存在，与此同时，

"现代主义"也弥漫了社会。① 我也将 1941 年开战之前的昭和战前时期看作一个现代化完成时期——日本社会从城市生活到文化、舆论、学术诸领域完成了现代化。② "反·现代主义"亦为此时完成的"现代"所生产。而且，反·现代主义者在这一时期重新将"现代"界定为起源于欧洲的外来"现代"——"欧洲式现代"。"昭和现代"就是这样对自己的现代性反复地、不停地进行自我追问的时代。"昭和日本"的反思性知识，在持续追问这种日本现代性的过程之中，对自我（日本）理解的话语进行了文学的、历史的以及哲学的建构。这个时代就是"昭和现代"。

河上彻太郎说 1941 年 12 月 8 日的开战突然给我们的感情规定了"一个恰到好处的规则"③——姑且沿用其"规则之决定"即"现代的超克"，将这种昭和的反思性知识所构成的自我理解式话语称为"'现代的超克'论"。这种被称作"'现代的超克'论"的昭和反省性知识所构成的自我理解式话语，与我前面详述的竹内好围绕现代日本的反语式两义性话语相呼应、相重叠。甚至应当说，后者是从战后的视角对前者进行了分层化的阐述。我想再一次回到竹内好的两义性话语进行思考。我是将被归纳为"现代日本在亚洲之

---

① 有马学《帝国昭和》，《日本的历史（23）》，讲谈社 2002 年出版。
② 我在重读 1920 年代后期（昭和十年代前期）的《改造》《中央公论》《文艺春秋》等杂志之后，深感日本舆论界新闻、杂志的出版高峰期即在此时。而且，即使是从津田左右吉、和辻哲郎等人的工作来看，日本的现代学术也被认为是在此时期达到了高峰。有必要从这种日本社会现代化的视角重新讨论昭和战前期。
③ 此为座谈会"现代的超克"（《文学界》昭和十七年九、十月号）开始的时候主持人河上彻太郎所言。笔者所引《座谈会"现代的超克"》据《现代的超克》，著者代表河上彻太郎，创元社 1943 年出版。

中而非亚洲"一语的竹内反语式两义性话语作为与现代主义、民族主义的相关性对立项来界定的。因为"现代"与"民族"是互相作为对立项、互相规定的。只要日本的"现代"被作为外来之物，被指为外部性、他律性而进行批判性论述，那么，作为其"反"的"民族"就会被指向作为真正之物的自立性内部的志向而建构。不过，这种两义性话语带有地缘政治学的性质。所谓作为外来之物的"现代"乃欧洲式现代，作为其"反"的"民族"乃必须从亚洲的深处寻找出来的某种真正之物。由于竹内的两义性话语这样带有地缘政治学的性质，因此提供了解读昭和话语的钥匙。所谓"昭和"，即日本将非欧洲的自我进行地缘政治学性质的确认，或者被迫进行这种确认的时代。日本的现代确实进入了被称为"昭和现代"的时代。

四 "昭和现代"的起点

参加了第一次世界大战的日本，尽管只是关心以围绕德国在远东地区的权益为中心的问题，但参与世界战争意味着日本积极进入世界秩序和世界历史，不久也将提出重建世界秩序的要求。这里所谓的"世界秩序"是指以欧洲为中心、由欧洲建构起来的现代世界秩序，所谓的"世界历史"是指世界被嵌入以欧洲为中心的国际秩序与经济体系之中的现代历史过程。被强制性地纳入该世界秩序、开始建构现代国家的日本，现在积极进入该世界秩序，以至于同样对该秩序中的新权益提出要求。日本在参战的同时向中国提出的"二十一条"（1915年），是将中国，尤其是中国的"满洲"作为自己的权益范围置于统治意志之下的要求，也是对东亚的国际秩序进行帝国主义式重新建构的要求。日本通过这场世界大战，姿态鲜明地成长为"国际政治游戏主要参与者"①中的一员，即日本在世界列强的行列中占据了位置。巴黎和会被迫承认了亚洲新强国日本的权益。这个来自巴黎的消息导致中国发生了5月4日的抗议运动。日本作为世界列强之一登上舞台，是与中国发生被看作历史上最初的民族运动相伴随的。"昭和现代"就是这样开始的。

将第一次世界大战及其战后过程作为欧洲主导的世界秩序发生崩溃与解体的起点从积极的方面进行解读的，是京都的"世界史的哲学家"们。其代表人物高山岩男说：这场世界战争中必须注意的事实是，"由于这场世界战争，包含着东洋、西洋在内的整个世界，在真实的意义上成为统一的、历史性的世界"，与此同时，"由于这场大战，欧洲现代的原理呈现出彻底崩溃的形态"。②确实，第一次世界大战的决定性重要之处，即在于"欧洲主导的世界统治体制的根基开始受到侵蚀"这一点。而且，现代史研究者今津晃描述道："该过程经由第二次世界大战而得以完成。"③由帝国主义各国之间的恶性竞争导致的第一次世界大战的战后处理本身，就是如何重构帝国主义秩序并继续维持的过程——该过程发生在欧洲与新兴帝国美国和日本之间，而且是指向已经开始拥有民族自觉性的殖民地-附属世界的居民。所谓"昭和日本"的起点，就是帝国日本在

---

① 霍布斯鲍姆将第一次世界大战看作世界主要列强都参加了的战争，将当时的主要列强都列举出来，有欧洲的英国、法国、俄国、奥匈帝国、普鲁士（德国）与统一后的意大利，共六国，此外列举了美国和日本。《二十世纪的历史——极端的时代》（上），河合秀和译，三省堂1996年出版。
② 高山岩男：《世界史的哲学》，岩波书店1942年出版。
③ 今津晃：《现代史概说》，创元社（东京）1973年出版。

第一次世界大战后帝国主义式的亚洲重组过程中，一边应对中国出现的民族主义运动一边侵入中国的过程。那就是"十五年战争"的过程。

《世界史的哲学》将这一过程——帝国主义的重组过程——作为欧洲式世界秩序的解体性转换过程来记述。《世界史的哲学》是一本因为将决定帝国主义在亚洲之重组的"大东亚战争"的开战而下定了出版决心的著作。在该书开头，高山说："今天的世界历史的大动荡、世界历史的大转换将要带来的是什么呢？我将其看作非欧洲世界对于欧洲世界的将要独立的趋势或者事实。"而且，高山还说："'满洲事变'，退出国际联盟，'支那事变'，——贯穿于这一连串具有世界史意义的事件之中的我国的意志，不外乎对于立足于欧洲现代原理的世界秩序的抗议。"① 这是包含着对于与"十五年战争"同时开始的"昭和日本"的辩解的自我理解式话语，是将"昭和日本"作为超克欧洲现代世界的日本来理解。"今天的世界大战绝非现代内部的战争，而是超出了现代世界的维度、将成为与现代不同时期之标志的战争。"——《世界史的哲学》是用这种表述开始书写的。

五 昭和意识形态

高山岩男将第一次世界大战结束至第二次世界大战开始的这个过程作为欧洲世界秩序解体的过程来把握。这种历史认识并没

---

① 这里的"满洲事变"即"九一八事变"，"支那事变"即"七七事变"。下文的"十五年战争"指1931年至1945年的日本侵华战争。——译注

有错。但是，将帝国日本及其在亚洲进行的战争作为对基于欧洲现代原理的世界秩序的抗议，说成决定其解体并超越之且引导了新世界建设的道义行为的时候，那就成为用正确的自我理解（日本理解）来支撑"昭和日本"及其战争行为的话语，或者成为意识形态。这已经是获得了对作为自己话语之阴暗地带的不明朗性进行修正的、真正的自我理解（日本理解）话语。何谓"作为话语之阴暗地带的不明朗性"？那就是围绕"'支那事变'之意义"的不明朗性。

高山在《世界史的哲学》"序"中记述了他在京都大学的教室里开始讲授该书内容时的情形。他说那是"'支那事变'发生之后"的事。"曾经经常在教室里见面的学生，毕业之后经常有人奔赴战场的时候。"大概就是在昭和十六年（1941）"大东亚战争"爆发前两三年的时候。学生们在课堂上向他提出的问题是："'支那事变'的真正意义何在？"但是，高山在讲课时基于世界史立场的回答未能说服向他提出这种问题的学生。高山写道："'支那事变'所具有的复杂性质，我觉得似乎基于世界史立场的讨论也未能给予真正的理解。"高山对于自己基于世界史立场的讨论是否具有说服力感到惶惑，但是，"大东亚战争"的爆发与随后的战争进展消除了高山的惶惑。他这样写道：

> 由于大东亚战争的进展和扩大，"支那事变"所带有的不明朗性质被消除，现在终于走上了一条十分明确的道路，容易陷于沉滞的道义生命力，也被生动地发现。我为此感到高兴的同时，也感觉到承担了在"支那事变"发生之初发表言论作为祝贺的责任。

在思考对于昭和知识人和学生们来说"支那事变"所具有的意义的时候,这段引文是极为重要的言论。其重要性大概能够和竹内好记录自己得到 12 月 8 日开战的消息时之感动的《大东亚战争与我们的决心》①相匹敌。"历史被创造出来。世界面貌一夜之间发生了改变。我们目睹了那一切。在被感动得发抖的同时,守望着那一道彩虹一样的彼岸的光芒。"这种宣言式的文章记录的是"大东亚战争"的爆发给予被置于黑暗中的他们的感动——好像是一片光芒笼罩过来的那种感动。那完全等同于高山在"序"中表达的内容。"支那事变"对于他们来说曾经是作为像是被置于暗夜之中那样沉重、那样难以理解的不明之物而存在的,而"大东亚战争"乃迅速消除了他们心中的这种不明确性,投射入光亮之物。"支那事变"的复杂性现在被用"大东亚战争"进行了鲜明的解读,即被作为承担世界史意义的圣战——迫使由欧洲帝国主义原理构成的现代世界秩序发生转换,引导我们进入由亚洲作为亚洲适得其所的新的道义秩序构成的世界。借助"大东亚战争"对"支那事变"之意义的解读,是拯救与"支那事变"同时陷入困境的日本知识人的现代史再阐释话语。

"昭和日本"的起点,就是第一次世界大战后帝国日本在亚洲的帝国主义重组过程中一边对抗中国的民族主义运动一边侵略中

---

① 《大东亚战争与我们的决心》(宣言)作为头条刊载于 1942 年 1 月出版的《中国文学》第 80 期,未署作者名,但写作于成立同人会的前一年的 12 月 16 日。

国。那就是"十五年战争"这一过程。——我在前面这样写道。这一过程才是使昭和知识人心情沉重、其意义被学生尖锐质疑的"昭和日本"的历程。这一黑暗而沉重的历程因"大东亚战争"而被重新解读——被作为超克帝国主义式欧洲的现代诸原理、催生自立亚洲的道义历程而重新解读。"现代的超克"论,就是将陷于困境的"昭和日本"知识人拯救出来的新的自我理解话语,即"昭和现代"历史的重新阐释话语。那并非仅仅是京都的"世界史之哲学"倡导者们所拥有的话语。如同河上彻太郎在那场座谈会开始时所言:"尤其是 12 月 8 日以来,我们的感情这种东西,在此恰到好处地展示出一个近似于某种类型的规则。此种类型的规则——这实在是无法用语言进行表达的,即我所谓的'现代的超克'……"给他们的感情带来"一个恰到好处的规则"的是 12 月 8 日"大东亚战争"的开战。河上是说:这场开战所带来的感情规则,如果用语言来表达即为"现代的超克"。"现代的超克"这种理论,是给置身于昭和前期"十五年战争"过程中的许多日本人带来"心之规则"的话语。它成为哲学家的话语、文学家的话语,乃至历史学家和社会科学工作者的话语。

"现代的超克"理论构成日本人在历史中自我理解的话语,并非仅仅是昭和前期的战前和战中的事。在以围绕昭和时期日本战争的思想性答案的问题遗留、延续下来的战后世界里,当日本的自我理解问题被置于欧洲现代与亚洲自立这种地缘政治学框架之中追问的时候,"现代的超克"论也在战后世界获得再生。竹内好撰文论述"现代的超克",也是在战后日本从美国独立的问题被探究的 1960 年安保斗争即将到来的时期。"现代的超克"论确实是昭和日本人自我理解的话语,亦即昭和意识形态。

第一章
何以"现代"并且"超克"?
——"现代的超克"与三次座谈会

> 尤其是12月8日以来,我们的感情这种东西,在此立刻呈现为一个类似于范型之物。该范型实在无法用语言来表述,就是说,我将该范型称为"现代的超克"……
>
> ——河上彻太郎《座谈会"现代的超克"》

一 "现代的超克"座谈会

"现代的超克"座谈会以"知识性协作会议"的名义由十三位学者、文化人举办,是昭和十七年(1942)七月二十三、二十四日的事。那次会议的成果和与会者提交的论文一起发表在同年《文学界》杂志九月号、十月号两期上。策划了此次座谈会并担任会议主持人的河上彻太郎,在闭幕词中说:"此次会议是否取得了成功,我尚不十分清楚。不过,此次会议是根源于开战之后一年间的知识的战栗,这是毋庸讳言的。"① 如同河上所言,"现代的超克"座谈会的召开及其反响,均未脱离太平洋战争的爆发给日本人的冲

---

① 河上彻太郎等人所著《现代的超克——知识性协作会议》,创元社1943年出版。

击。① 这种认识，对于理解"现代的超克"论的整个展开过程来说是重要的。

此次"知识性协作会议"十三名与会者的人员构成是：《文学界》同人龟井胜一郎、林房雄、三好达治、中村光夫、河上徹太郎、小林秀雄，和其他应邀与会的非《文学界》同人，即音乐界的诸井三郎、电影界的津村秀夫、神学界的吉满义彦、哲学界的西谷启治、科学哲学界的下村寅次郎、西洋史专业的铃木成高、物理学家菊池正士。竹内好认为这场座谈会的人员构成呈现为"三种思想要素，或曰三个谱系的组合"②，分别是"文学界"群体、"日本浪漫派"和"京都学派"。竹内在这样进行分类的同时指出：与其让会议出席者西谷启治和铃木成高代表"京都学派"，不如再加上未出席会议的高山岩男和高坂正显，用这四位来代表"京都学派"更好。关于"日本浪漫派"，竹内则认为龟井胜一郎的代表性较弱，只有缺席会议的保田与重郎才能作为代表。关于"文学界"群体，竹内也认为小林秀雄与"日本浪漫派"仅一纸之隔，仅仅是由中村光夫勉强作为代表。但是，中村光夫在座谈会上几乎没有发言。这样一来，竹内所进行的这种分类究竟区分了什么则变得无法理解。是为了对座谈会的内容进行竹内好式的重新组合而进行的分类吗？还是说"现代的超克"的思想内容本来应当由缺席的保田与重郎或高山岩男来阐述？如果他是说座谈会的思想内容与其让与会者、不

---

① 这里的"太平洋战争"指1941年12月8日开始的日本对英美的战争。——译注
② 竹内好：《现代的超克》，收入《现代的超克》（富山房百科23），河上徹太郎、竹内好等著，富山房1979年2月出版。竹内好《现代的超克》最初发表于《现代日本思想史讲座》第七卷《现代化与传统》（筑摩书房1959出版）。

如让缺席者来阐述，那么，就这种看法本身而言，大概是对于这次座谈会有意义的解读方法。实际上，竹内好是将那次座谈会本身看作"现代的超克"的游戏性漫画，而用保田与重郎浪漫派式的语言来描绘真正意义上的"现代的超克"。

即使"现代的超克"这一问题与其由座谈会出席者、不如由座谈会缺席者来阐述，这次座谈会本身也具有象征意义。是12月8日的冲击使上文列举的十三位文化人、学者聚集起来讨论"现代"问题。主持人河上彻太郎在座谈会开幕词中说的那段话，无论被引用多少次都是有意义的。"尤其是12月8日以来，我们的感情这种东西，在此立刻呈现为一个类似于范型之物。该范型实在无法用语言来表述，就是说，我将该范型称为'现代的超克'……"不言而喻，"现代的超克"这个标题并非主持人河上一闪念想出来的。这是与会者们在会议召开之前提交的文章中讨论的主题。不过，无论怎样，在因12月8日的冲击而聚集起来的会议上以"现代"及其"超克"为主题展开对话，这一共同想法是既定的。至于座谈会的实际情形是怎样的，并非这里要讨论的问题。其实际情形，无论在何人看来都是失败的。如竹内所说，座谈会只是空虚的形式，其思想内容当由座谈会缺席者来阐述。不过，12月8日的冲击促成了以"现代"及其"超克"为主题展开讨论的座谈会——我关注的是这一事实本身。

二 为何是"现代"？

我手里有一本开战翌月即昭和十七年（1942）一月的《中央公论》新年专号，该期刊载了围绕这次开战的多篇文章，同时刊载了京都学派的高山岩男等四人召开的"世界史的立场与日本"座谈会的会议记录。这期新年专号的卷首语首先表明:"对英美之战的宣战书发布的时候,国民的心情为之欢畅。持续到开战为止的阴郁心境,像乌云退去的天空一样晴朗起来。忍无可忍之事我们已经忍耐许久。"(《国民的决心》)而且,三木清的论文(该期杂志的第一篇文章)是用这样的表述开始的:"现在,'支那事变'已经飞跃到了决定性阶段。对于不停地阻碍事变进展的英美,日本终于下定了战争大决心。"(《战时认识的基调》)面对此类表述,我有一种马上进行批评的冲动,但暂时还是忍耐了一下,继续往下读。丰岛与志雄写道:"日本持续进行的战争,通过以英美为对象,其圣战意义第一次得到了明确显现。"(《文化构想》)再看高村光太郎,他写道:"世界焕然一新。时代恰在此时被明确划分。昨日似乎是遥远的往昔。现在本身获得提高,进入明确的轨道,带着纯粹深远的意义,焕发着光芒,浩然前行,前程无限。"(《十二月八日记》)这里再引用两句和歌、俳句:"在天皇君临之国,吾欲言者仅此一语:'休得无礼'!"(斋藤茂吉)"冬季大海之彼岸,有骄傲蛮横之国。"(高滨虚子)

对于12月8日向美英两国开战,众多日本人是怀着"畅快的心境"、一扫阴郁的"晴空万里"心境来接受的。日本人长期怀有的灰暗的心理郁积,具体说来是由"支那事变"与对美交涉造成的,但那是明治时代以来日本人一直怀有的、潜在的历史心理症状。对美英的开战,一扫日本人的那种心理郁积,使他们获得明朗畅快的心境。此时,那种心境使他们将座谈会主题归纳为"现代的超克"一语。所谓"现代",即1941年之前一直给日本与亚洲以沉重压迫的诸蛮横之国的"现代"。12月8日宣战的冲击,就这样使他们讲述"现代"并且讲述对"现代"的"超克"。座谈会的主题为何是"现代的超克"?这是因为,对美英两国的开战,使日本人得以将形成自己历史性心理郁积的重要原因作为"现代"而对象化,并使克服这种"现代"的话语行为成为可能。"现代的超克"座谈会就是这样被策划出来的。确确实实,这场座谈会作为昭和日本的象征性事件,与"12月8日"一样具有象征意义。

不过,当对美英两国的开战将座谈会的主题规定为"现代的超克"一语的时候,"现代"是被看作日本自身之外的、必须被超克之物。"现代"即目前敌对的英美诸国统治性地构成了现存世界秩序的各国的"现代"。但是,尽管如此,明治维新以来七十余年间日本的现代化过程,难道不是竭力接受并拥有那种"现代"的过程吗?所谓"现代"难道不就是日本的自我本身?这样一来,自我不是同样成了必须被超克的对象?于是,在日本,对于"现代的超克"的阐述即不可避免地成为反讽性的话语行为,即不得不使用类似于揭穿自己戴着的"现代"假面具的那种反讽性语言来进行。将此种反讽性话语态度作为自己的思想表现本身表述出来的,是日本浪漫派,是保田与重郎。竹内好认为"现代的超克"只有通过座谈会缺席者保田与重郎才能得到真正的表述,而且竹内最终也是通过保田与重郎对"现代的超克"进行重新表述的,原因均在于此。总而言之,此时"现代"是被作为日本的自我之外的、必须被超克的西洋的"现代"来认识的。在福泽谕吉明确地为日本描绘出"以西洋为目的"的文明开化图景七十年之后,[1]现在,日本将那个西洋的"现代"与自身切割,开始阐述"现代的超克"。大概应当说,

---

[1] 明治八年(1875)成书的福泽谕吉的《文明论概略》第二章为"以西洋文明为目的"。

"现代的超克"确实是昭和日本的话语。

三 "现代"与自我理解

前文已经说过,在亚洲先进国家日本进行的对于克服"现代"的表述,将不可避免地成为反讽式行为。① 反讽是一种话语态度——在将已经实现之物作为假象的同时,通过对其进行否定,将真正之物作为尚未实现于自己内部的某种东西暗示出来。这里,明治时代以来被看作通过文明开化的努力完成了现代化的日本,实际是被作为戴着"现代"假面具的伪装的日本。就是说,对美英两国开战的此时此刻,才是揭下这张假面具、实现了真正自我的神圣时刻。不过,围绕"现代"的这种反讽性话语,是在东方与西方的地缘政治学式的对立之中展开的。明治时代以来的日本不得不一直装扮的就是西洋的"现代"。由阐述超克那种"现代"的反语暗示出来的并非假象的、真正的自我,大概就是日本与亚洲的、从其历史与民族的深处发掘出的某种东西。那就是被保田称作"诗"的东西。所谓"诗",即"长期以来成为民族的希望、悲情与自信之物"②。小林秀雄将其称为"历史"。③ 而且,历史学家、哲学家们则

---

① 见本书《序章 "现代的超克"论》。
② 保田与重郎:《时代与诗歌精神》(時代と詩精神),收入《现代的终结》(近代の終焉),小学馆1941年出版。
③ 在"现代的超克"座谈会上,小林秀雄说:"历史之中存在着用我们的解释或者被称作历史观之类的东西怎么也无法处理的东西。历史这种东西是用我们现代人的现代解释之类无法处理的。"这几乎是此次座谈会上围绕"现代的超克"唯一充满信心的发言。

力图使用"民族""文化"的概念，在处于神圣时刻的这个日本，建构超越西洋"现代"的世界史式的话语。

　　这里，我想聚焦这一事实——以"现代"为中心，昭和日本与日本人的自我理解话语被创造出来。"现代"被作为自身之外的、欧洲的"现代"，并且常常被作为否定性且必须被超克之物来论述。在"现代的超克"座谈会上，最为坚定地否定该"现代"的龟井胜一郎指出："所谓'现代'，要言之，只能说是我本人最近十余年间经历的混乱自身。"作为反"现代"话语的"反·现代主义"，大概是日本浪漫派最为重要的意识形态。不过，"反·现代主义"并非仅仅是日本浪漫派特有的。毋宁说，"反·现代主义"乃昭和日本拥有的意识形态，乃昭和日本进行自我理解的话语。所谓"昭和日本"，如同前面说过的，即作为世界列强之一强调其在亚洲权益的强国日本。我将世界级强国日本的"昭和"这一时代称为"昭和现代"。我想说的是，作为反"现代"话语的"反·现代主义"，就是那种"昭和现代"的意识形态与自我理解话语。"反·现代主义"在承担昭和日本自我理解这一功能的同时，也使人们无法看到日本人那里既存的某种事实。所谓"某种事实"，即已经作为"昭和现代"而存在的自我本身。对于这种自我的"误认"今天依然在继续。

　　另一围绕"现代"的反义性（反讽性）话语所表述出来的，是对于在假象"现代"的彼岸已经实现的真正"现代"的愿望。而且，那种愿望，在被使用"东"与"西"这种地缘政治学术语展开叙述的时候，真正的日本现代与应当获得新生的亚洲同时被描绘出来。那种愿望曾经构成了"东亚共同体"的话语，此时则构成了"亚洲式现代"的话语，构想出以应当形成的"东亚共同体"为目的的真正的亚洲式基础。反"现代"主义，也是构想另一个"现代"即"亚洲式现代"的意识形态。

四　缺席者与两次座谈会

"现代的超克"座谈会确实是作为昭和日本的象征性事件存在的。不过，之所以作为象征性事件而存在，在于"现代"与对"现代"的超克成为日本知识人讨论的主题。是开战的冲击促使他们阐述对于西洋式"现代"的超克。此次座谈会具有作为象征性事件的意义，原因在于促使他们阐述"现代"及其"超克"，而不在于他们如何阐述。毋宁说，该主题的思想内容的展开，不得不由缺席座谈会的人来进行。因此，竹内好才通过日本浪漫派的保田与重郎将"现代的超克"作为思想课题使其在战后日本重新获得生命。保田与重郎就是具有那种意义的缺席者，京都学派的高山岩男则是另一位有意义的缺席者。不过，保田曾经受到座谈会的邀请，而高山未曾受到邀请。如果列举未被邀请的缺席者名单，我在这里想举出三木清、蜡山政道、尾崎秀实、橘朴、细川嘉六等人的名字。不过，亦曾属于《文学界》同人的三木暂且不论，邀请已遭逮捕、羁押的尾崎是不可能的，邀请橘朴等人的想法主办者大概完全没有。因此，该缺席者名单是我有意识地制作的。我试图通过制作这份缺席者名单，将此次座谈会缺失的内容明朗化。

在"现代的超克"座谈会于昭和十七年（1942）七月二十三、二十四两日召开之前，已经召开过与"昭和现代"有深层关联的两次座谈会。按照召开时间的先后顺序来说，首先是题为"大陆政策十年之研讨"的座谈会。此次会议在昭和十六年（1941）十月十四日举办。另一场座谈会是"世界史立场与日本",同年十一月二十六日召开。前者是为纪念《满洲评论》创刊十周年而策划、举办,与会者为尾崎秀实、铃木小兵卫、橘朴、平贞藏、土井章、细川嘉六等六人。这场座谈会的相关记录刊载于座谈会举办当月出版的《满洲评论》第 21 卷 17 号。[①]另需说明的是,尾崎秀实因佐尔格事件被捕是在这次座谈会召开的次日。后一场座谈会由京都学派的四位年轻旗手高坂正显、西谷启治、高山岩男、铃木正高举办,如前文所说,相关记录发表于《中央公论》昭和十七年(1942)新年号。同样是这些成员,随后又举办了两次座谈会。三次座谈会的内容被汇总编辑成同一本书,即《世界史立场与日本》(中央公论社 1943 年出版)。该书序言的开头部分,关于座谈会这样说:"大家聚集在一起是在同年十一月二十六日晚上,早于天皇陛下发布大东亚战争诏书十三天。当然,我们不可能知道形势的发展会紧迫到那种程度。但是,世界上那种每天都在加重、实在让人感到非同寻常的气氛,自然而然地促使我们聚集起来、讨论世界史以及日本在世界史中的主体性位置问题。"可见,他们为自己在建构世界史话语过程中的预见性感到自豪。

在西洋"现代"被重新审视的同时世界史必须被重新定义、重新书写——以此为主题的这场"世界史立场与日本"座谈会,如同四位发言者本人所言,在那个严峻的时代具有预见性,提出的主张早于"现代的超克"座谈会的主题。"世界史立场与日本"四位参

[①] 座谈会"大陆政策十年之研讨"刊载于昭和十六(1941)年十月二十五日出版的《满洲评论》第 21 卷 17 号,我使用的是《橘朴著作集》第三卷《亚洲·日本之路》(劲草书房,1966)收录的相关文章。

与者中的两位亦为"现代的超克"座谈会的出席者。但是,座谈会"大陆政策十年之研讨"与座谈会"现代的超克"二者具有怎样的关系?"大陆政策"座谈会是作为"现代的超克"座谈会的缺失而存在的。不仅是组织了前一场座谈会的六人,甚至是与这些人有关联的人,也没有一位出现在"现代的超克"座谈会的会场上。我所谓与这六人有关联的人,是指昭和研究会当中负责东亚问题的那些人。就是说,将昭和日本的战略性课题"东亚新秩序"进行理论化推进的人们当中,也没有一位出现在"现代的超克"座谈会的会场。"大陆政策十年之研讨"座谈会,让我们看到"现代的超克"论之中存在的重大缺失。

五 缺失的中国

"现代的超克"座谈会的性质由座谈会缺席者来表述——如果是这样,那就应当说本次座谈会是在昭和日本的东亚问题或中国问题发言人完全缺席的情况下举办的。这些人确实不受《文学界》同人的欢迎,但即便如此,认为抛开东亚问题和中国问题能够讨论"现代"及其"超克",也应让人感到吃惊。或者是近卫文麿的"东亚新秩序"与东条英机的"大东亚战争"一起发展式地融入"大东亚共荣圈"之中去了?竹内好在其论文《现代的超克》中,也引用了龟井胜一郎从战后开始进行的反省性发言——"(在'现代的超克'座谈会上)只有一件事是现在回头看去自己都感到吃惊的,那就是中国在任何意义上都没有被作为问题"。就像座谈会出席者龟井本人都说感到吃惊的,他们能够在毫不涉及中国的情况下阐述"现代"及其"超克"问题。不过,竹内即使引用龟井的这种反省性发言，也并非为了指出这次座谈会的本质。他是一边这样引用，一边对围绕那场"大东亚战争"的二重性问题展开论述。对于我来说，这成为竹内好"现代的超克"论中无法理解的部分。

排除了中国问题或者包括朝鲜、"满洲"在内的大陆问题，日本没有"现代"也没有近现代史。所谓"大陆问题"，是近似于成为昭和日本国家生存之基础的那种国策性、战略性课题。昭和日本的生存，是与由"满州事变"［九一八事变］而至于"支那事变"［七七事变］这种大陆政策的军事性进展相伴随的。关于这两次事变之间的关系，是作为偶然性结果来思考还是作为必然性结果来思考，这一问题暂且不论，但是，置身昭和十六年（1941）的开战前夜，人们应当已经注意到日本在大陆进行了长达十年的战争这一严重事态。处于那次座谈会主办者中心位置的小林秀雄，在昭和十五年（1940）的演讲中也说："我国现在正在进行有史以来的大战争。大战争这一点是没有疑问的，但是，如诸位所知，并未发表宣战书，因此不能称之为战争，是称作'事变'。在称之为'事变'的同时进行着真正的大战争。另一方面，又以同一国家的国民为对象，进行着超大规模的新的政治建设。"[1] 小林是说"支那事变"是"有史以来的大战争"，"尽管被称为'事变'却是真正的大战争"。其他的座谈会出席者在大陆的战争对于日本来说事态严重这一点上，应当怀有同样的认识。就是这些"小林秀雄们"，在昭和十七年（1942）七月的座谈会上，在不涉及那场战争或中国问题的情况下阐述了"现代"及其"超克"。这里存在的不仅是"现代的超克"

---

[1] 小林秀雄：《事变之新》（昭和十五年八月），收入《历史与文学》，创元社1943年出版。

座谈会的问题,并且是与昭和时期日本、日本人的历史认识相关联的问题。针对此种历史认识的缺失,我才提出"大陆政策十年之研讨"座谈会的问题。我们对于作为昭和意识形态的"现代的超克"论的考察,还是应当从"现代的超克"座谈会缺失的"大陆政策十年之研讨"开始。

最后,我想就上文引用的小林秀雄围绕"支那事变"发表的言论进行评说。他虽然说那是"有史以来的大战争",但对于战争的性质、形态等等没有任何说明。运用已知的理论或方法,例如运用"东亚协同体论"等应对这种前所未有的事态是无效的——小林仅仅是对此进行了表达。"将已知的理论、方法等运用于新事变的解释,让人放心。使用旧菜刀来处理'事变'这条新鲜的鱼而无所怀疑——我说的就是这种心理准备与态度。换言之,对于安心使用旧菜刀的人来说,恐怕实际上看不到鱼的新鲜之处。"这里也没有说明什么是"旧"的,要言之,仅仅是说用菜刀(理论)来处理鱼(事变)这种行为是"旧"的。在理论层面没有对事变新在何处进行任何说明。而且,小林的话题又转移到了身处乱世的织田信长等人的历史事例上。① 不过,追踪小林式的文学性说教没有意义。从战中到战后,小林变成了说书先生式的人生论者。② 这次讲演,他最后也是引用《叶隐》中的"在修行方面,至今无成就可言。执念

---

① 织田信长(1534—1582):日本战国时代的武将。曾进行革新事业,未竟而自杀。——译注
② 小林秀雄这种人生论式的高谈阔论被编为《无常之说》(创元社,1946)、《我的人生观》(创元社,1949)。我们这些战后初期的大学生们最初知道小林秀雄的名字就是因为这些书。我是由此追溯到初期的"诸种匠心"与兰波而言的。

于成就，此念本身则已有违于道。一生之间，常念不足，至死以不足为念，事后观之，则为成就之人"一节，用这样一段话结束了自己的讲演——曰："此言为真理。现在这种非常时期，为我们这些平凡之人也提供了接近该真理的机会，我认为这令人欣慰。否则，这次事变能够带给我们怎样的磨炼呢？"小林想说的大概是：只有在将事变作为磨炼来接受这种人生态度之中，事变新在何处才能显露出来。这种将战争置于人生态度之中来把握的言辞，与小林那段广为人知的名言具有共通性。那句名言是："时候一到，会愉快地作为一名士兵去战斗。我们就是被置于这种现实的状态之中。有什么值得患得患失？追问直面战争的文学家的心理准备这种行为本身，是无意义的。"① 这句名言再往前延伸，大概就是"默默无声地从军的士兵，才是真正懂得战争的人"一语。将历史认识还原为对历史的态度，或者还原为生活方式的，并非小林秀雄一人。那是该时期的文学家、特别是日本浪漫派的文学家们共有的方法。虽然嘴上说什么"有史以来的大战争"，但并未认识到何谓"大战争"。在他们的人生态度中，大陆问题、中国问题均不存在。"现代的超克"座谈会使中国陷于缺失，而在昭和日本的文学家那里中国问题则已经缺失。

---

① 小林秀雄：《文学与自己》（昭和十五年十一月），收入前引《历史与文学》。

第二章
谁正视了中国的战争事实？
——"大陆政策十年之研讨"座谈会

> 并非新的东洋意识形态先行引导、继而产生了东亚新秩序，而是首先在枪林弹雨之中受到铁与火的洗礼，东洋思想才作为东洋的合理化而形成、发展。
>
> ——蜡山政道《东亚协同体之理论》

> 允许那种支那的统治方式——那种孙中山式地将民族主义贯彻到全民族每个角落的统治方式，并且成为能够允许那种方式的日本。日本的改造如果不达到这种程度，则终将失败。
>
> ——橘朴《座谈会"大陆政策十年之研讨"》

一 首先是发生了"事变"

并非仅仅对于昭和知识分子来说，即使是对于大部分日本人来说，首先也是事变发生了。是发生了"满州事变"，继而发生了"支那事变"。①除了点燃导火索、使事变之火燃烧起来的事变谋划

---

① 这里我原封不动地使用"满州事变""支那事变"等当时人们对于事变的通称。当时的日本人面对在中国大陆展开的战争这种日本的军事性事态所持有的想法、把握方法，不可能从这些对于"事变"的通称中分离出来。

者们，无论是对于当时的军部来说，还是对于政府来说，乃至对于天皇来说，大概都是首先有了事变。确实，所谓事变乃突然发生之事，首先是事变发生，但这里我所谓的首先有了事变，与其说是要表述突发性，毋宁说是要表述事后性。那是一种小林也称作"有史以来的大战争"①的、发生在大陆的严重事态，但是，日本人却不得不将其作为已经发生的事变事后性地接受。这是昭和日本的、让人无可奈何的悲剧性事态。人们在所谓"大陆政策"这一与日本的帝国式生存密不可分的国家战略的脉络之中，给自己对于事变的理解找到位置与合理性，事后性地承认"事变"。应当称之为帝国生存之条件的"大陆政策"的是非、利弊，对于昭和日本人来说已经是无须讨论的。所谓首先有了"满洲事变"与"支那事变"等，是说对于昭和时代的日本人来说首先已经存在着"大陆政策"。

如果回顾、清理围绕"东亚协同体"的诸种讨论，我们将不得不注意到有关昭和事变之议论的事后性。任何一种议论，而且在任何时候，都是从"大陆政策"乃至"支那事变"开始，并且以之为前提。这些讨论完全不向事变的逻辑性的从前追溯。或者换个说法，面对事件，人们的理论总是事后性的。不过，对于导致事件发生的原因以及事件性质的精细分析，对于包括那些事件在内的时势的总体性洞察，——理论借助这两者超出了对于事件的事后性理解。但是，参与昭和十三年（1938）展开的"东亚协同体"讨论的任何一方都完全是事后性的。昭和十三年即"支那事变"爆发（昭和十二年七月）的翌年，南京沦陷是在前一年12月。而且，所谓《东亚新秩序声明》（第二次近卫声明）由近卫首相发表，宣

---

① 小林秀雄：《事变之新》，见《历史与文学》，创元社1943年出版。

称"在东亚建设新秩序,是以我们开国的精神为渊源,完成新秩序的建设,乃现代日本国民所被赋予的光荣职责",是在那年的11月3日。就是说,"东亚协同体"的讨论与这项近卫声明的提出是同时的。

蜡山政道应被称为"东亚协同体"理论的建构者、问题提出者,其论文《东亚协同体之理论》①是用"这次'支那事变'被称为'圣战'了"一语开头。即首先有了"支那事变"这场"圣战"。而"支那事变"成其为"圣战"的意义,被置于此次事变"具有试图在东亚建设新秩序的道义性目的"这一点上进行阐述。即现时段日本在中国大陆进行的"圣战·支那事变"是蜡山言论的先验性前提。他的"东亚协同体之理论"就是从这场"圣战·支那事变"演绎开去的。围绕"此次事变之本质",蜡山认为那是与欧洲人界定的"战争"概念不同之物,这样说:

> 说到原因,这是因为此次事变表明——东洋的日本首次摆脱来自西欧各国的指导与干涉,明白了自己承担的从独自的立场出发走向大同世界的使命。一言以蔽之,那是世界上东洋的觉醒、东洋的统一这种具有世界史意义的现象。

不言而喻,甚至应当说蜡山是近卫内阁作为大陆问题的处理原则而提出的"东亚新秩序"声明的共同构思者,因此,不能将这位蜡山与作为事变的事后性接受者的普通日本人同样看待,但是,在

---

① 蜡山政道:《东亚协同体之理论》,《改造》第20卷11号,1938年11月出版。

终极意义上近卫也同样是大陆发生的事变的事后性处理者。与此相同,蜡山也是事变的事后性的、国际政治学式的理解者。在将"支那事变"作为具有世界史意义的"圣战"来理解这种框架之中,蜡山对发生在中国的战争进行了事后性的定位。因此,其所谓"东亚协同体"论,是作为"支那事变"的事后性世界史理解、作为应对策略式的议论而展开的。尾崎秀实已经直接指出这一点,说:"作为以目前的状态为基础的'新秩序'的实现手段而出现的'东亚协同体',是真正的产生于日支事变进展过程中的历史产物。"①

事件发生之后赋予其事后性的意义——一边对历史认识进行这种方式的理解,一边阐述"支那事变"的世界史意义——这样做的是三木清。他说:"我们必须从现在发生的事件当中发现历史的理性,并遵从这种理性对事件进行指导。"又说:"对于'支那事变',赋予其世界史意义,这是我们对于为此一直在流淌的鲜血的义务,而且,那是我们自身今天的生存之路。"② 从前,我曾因清理围绕"支那事变"的知识人话语读到三木清的这段话,当时基本上无法理解。被他视为哲学家之"义务"的,仅仅是追随时局式的哲学解释行为,即赋予现在这一时间点上中国大陆正在进行的日本的军事部署以所谓"世界史"意义。而且,三木不停地说那是给在大陆流血的士兵们的回报。原因何在?如果说那是面对时代尽量表现得诚实的哲学家的殚精竭虑的发言,那么我们由此看到的仅仅是哲

---

① 尾崎秀实:《东亚协同体的理念及其成立的客观基础》,《中央公论》1939年1月号。
② 三木清:《现代日本中的世界史意义》,1938年6月《改造》第20卷6号,收入《三木清全集》第14卷,岩波书店1967年出版。

学家——马后炮式地界定"支那事变"之意义、不得不诚实的哲学家——的惨相。

二 事变与世界史意义

所谓"支那事变"的世界史意义，在蜡山这里被从作为"圣战"的事变的本质演绎开去。那种意义即"世界上东洋的觉醒、东洋的统一"。而在三木清这里，所谓"支那事变"之世界史意义即贯穿事变的"历史的理性"。就是说，哲学家三木清是将该"理性"置于事变之中进行解读。即所谓"'支那事变'中所包含的世界史意义，大概可以看作'东洋'的形成。必须在这样一种意义上谈论日中提携、谈论日中亲善——至今在世界史的意义上未曾实现的东洋的统一，以此次事变为契机得以实现"（《存在于现代日本的世界史意义》）。三木在这里使用西田式理论必然性的语调宣称的世界史意义，与蜡山从事变的本质演绎出来的含义没有什么区别。对于他们来说，"支那事变"是作为既存的、实现改写欧洲中心的世界史这一要求的事件存在的。所谓改写世界史，即在世界史之中建构东洋。即通过建构东洋，真正意义上的世界得以形成。三木说："离开这种真正意义上的世界的形成，东洋的形成即无法考虑。而且，在这里，我们能够认可现在这场事变中包含的世界史意义。""支那事变"的世界史意义，因此存在于它是在世界史中建构了这种东洋的战争。

不过，"东洋的统一"这种理念并非先在的。首先存在的是"事变"这场战争。战争从明治时代开始唤起了冈仓天心的"东洋的觉醒"。所以，蜡山的表述是正确的："并非以新的东洋意识形态作为先导，继而产生了新的东亚秩序，而是东亚思想首先在枪林弹雨之中接受铁与火的洗礼，作为东洋的合理化而形成、发展起来。"（《东亚协同体之理论》）何以如此？蜡山说：因为"在实现东洋统一的道路上，确实存在着悲剧性的民族相克的命运与西欧帝国主义的冲突这种障碍"。蜡山不愧为一流的国际政治学家，对于苛酷的"历史理性"的解读远远高于哲学家。实现"东洋的统一"这种世界史意义的"地域性命运协同体"（蜡山），就是"东亚协同体"。通过出现在大陆的"民族相克"而汇流、而相互融合的血海所拯救的，是"东洋统一"的理念，是体现那种理念的"东亚协同体"的理想。三木说的是：阐述那种理想，是哲学家对于流淌在大陆的我们将士的鲜血所承担的"义务"。

但是，在我们对由蜡山、三木等人建构的赋予"支那事变"以世界史意义的话语行为进行审视、清理的时候，昭和初期知识人的许多话语即成为帝国国策之事后性的、也可以说是追认性的话语，对此我无法不抱有绝望感。指向事变之前的批判性认识，难道已经被国家权力彻底封杀了吗？或者是他们被允许的仅仅是在事变之后制造赋予事变以意义的话语？这种事后性的、赋予意义的话语，大概不久就会借助京都学派所谓"世界史的哲学"这种哲学式的饶舌进行堂而皇之的重复。但即便如此，事变的现实与世界史意义之间不是存在着巨大的距离吗？那种距离，是在战争中流淌的双方的鲜血与借助战争讲述意义的话语之间的距离。那种距离太大了。

三　存在于中国的战争事实

日前，为了查阅蜡山政道的论文《东亚协同体之理论》，我在日本国会图书馆用幻灯机阅读了《改造》杂志的黑白胶片。那篇论文刊载于昭和十三年（1938）十一月号的《改造》杂志。我是按照胶片顺序从十月号读起。看到十月号《改造》的目录中有毛泽东的《论持久战》，我感到吃惊。更让我感到吃惊的是，在刊载蜡山论文的十一月号上，毛泽东的《论抗日游击战》也被翻译介绍。① 直接在那个时代的旧报刊上阅读新闻报道、评论文章等的好处，即在于有这种意外相遇。毛泽东的《论持久战》，被认为最初是在 1938 年 5 月 26 日至 6 月 3 日召开于延安的抗日战争研究会上的讲演。讲演稿首先是由解放日报社印制成内部参考书，散发给刘少奇等领导人，听取意见之后，毛泽东对草稿进行了修改，在同年 7 月 1 日的《解放》杂志上公开发表。② 《改造》刊载的《论持久战》开头一句是"我们的抗日战争一周年、七月七日即将到来"③，因此《改造》上的译文被认为是对《解放》"抗战一周年暨中国共产党十七周年纪念"专号所载同题文章的翻译。④ 但是，从战争目的、进而从持

---

① 《改造》在这篇《抗日游击战论》的前面做了这样的说明："本文发表在六月二十一日支那共产党中央机关报《新华日报》上。连续败退的他们，作为最后的垂死挣扎而试行的，就是这种'游击战术'。这是怎样的战术？我们认为有必要进行了解并做出对应。"译者说明：此文当为毛泽东《论抗日游击战争的战略问题》。初发表于 1938 年 5 月 30 日《解放》杂志第 40 期。

② 《关于持久战》解说，见《原典中国现代思想史》第五册，西顺藏编，岩波书店 1976 年出版。

③ 《论持久战》第一句为："伟大抗日战争的一周年纪念，七月七日，快要到了。"见人民出版社 1952 年 3 月出版的《论持久战》第 1 页。《改造》杂志的译文显然是略译，省略、回避了"伟大"一词。——译注

④ 《论持久战》发表于《解放》第四十三、四十四期合刊，解放社 1938 年 7 月 1 日发行。最初我推断《改造》上的译文是以内部参考书为底本的，但土田秀明先生告诉我可以看作《解放》杂志所载《论持久战》的翻译。（转下页）

久战这种战术方面来证明抗日战争必胜的《论持久战》，为何会在这一时期刊载于《改造》杂志？《改造》刊载的这篇文章，虽然有省略乃至删节，但基本上准确传达了《论持久战》的主旨。例如下面这一段：

> 中国今天的解放战争，就是在这种进步的基础上得到了持久战和最后胜利的可能性。中国是如日方升的国家，〔这同日本帝国主义的没落恰是相反的对照。〕中国的战争是进步的，从这种进步性，就产生了中国战争的正义性。因为这个战争是正义的，就能唤起全国的团结，激起敌国人民的同情，争取世界多数国家的援助。(〔 〕中的部分是《改造》所载文本的省略部分。)①

中国的对日战争乃正义、进步之战，战争的胜利无论是从战略方面来说还是从战术方面来说都是确实的——对此进行阐述的毛泽东的这篇论文何以出现在该杂志上？我以前曾经使用《文艺春秋》昭和十三年（1938）新年号，考察"南京陷落"的第二个月该杂志关于中国的言论的实际情形。②那时得知该期《文艺春秋》的最后

（接上页）土田先生给予这种指教的同时还给了我《论持久战》的复印件。谨此致谢！

① 〔 〕中的内容是从前引《关于持久战》中补充的被省略的句子。译者说明：译文中的这段文字译者引自人民出版社1952年3月出版的《论持久战》第13页。
② 《所谓"支那事变"曾经是什么？》（"反哲学读书论"之五），载《环》第23期，藤原书店2006年9月出版。

部分刊载了胡适对旧金山中国侨民发表的讲演《抗日战争的意义》的记录稿,也吃了一惊。胡适在那篇讲演中说:"抗战以来,中国实现了真正的统一。而且成为有组织的、经过训练的现代国家。获得了对于中国民族生存来说不可缺少的精神。"无论是胡适还是毛泽东,阐述的都是日本在中国发动的战争本身在中国人那里促进了民族自觉,促成了应当称作抗日战争胜利之条件的民族统一。

在"事变"发生第二年的日本,舆论杂志为何译介胡适、毛泽东等人的此类文章?那是编者为了补充日本知识人的认识或话语之中存在的缺失而做的考量吗?存在于日本的话语或认识中的这种缺失,是来自国家权力的言论控制造成的,还是由于知识人的自肃乃至有意识地视而不见?总而言之,缺失的是存在于中国的中日战争的事实与现实。即日本在中国进行的战争本身,反过来讽刺性地制造了日本苦战与战败的条件这种现实。而且是作为抗战主体的中华民族现在已经一目了然地存在着这一事实。如果《改造》杂志的编者是想用毛泽东的论文来补充这种缺失、间接传达存在于中国的中日战争的事实与现实,那么我们大概必须对这种包含着见识与勇气的行为表示敬意。

通过毛泽东的论文传达出的事实,即作为对日抗战主体的中华民族现在已经一目了然地存在着这一事实。不过,中华民族主体的形成即使没有与抗战胜利的前景同时被透露出来,横置在事变走向前面的是中国的民族问题这一事实也应当是日本的有识之士都明白的。无论是近卫的"东亚新秩序"声明,还是为该声明提供理论基点的蜡山的"东亚协同体论",不是都具有与中国的民族问题相对应、提供应对策略的理念这种性质吗?尾崎秀实说:"我认为,'东亚协同体论'发生的深层原因,在于对支那内部的民族问题进行了重新认识。"① 不过，要追问的是，他们是怎样认识那些问题的？他们果真曾经试图正视"支那事变"这场日本在中国内部发动的战争的事实与现实吗？"支那事变"对于中国来说即抗日战争，在中国内部促成了民族的统一，推动了战斗的民族主体的形成——这一事实日本的知识人们果真正视了吗？

四　中国的民族主义与东亚协同体

蜡山在其表述中将"民族相克的命运和与西欧帝国主义的冲突"作为横置在通往"东洋的统一"这一现实过程中的悲剧性障碍。这大概是讲述"东洋的统一"之理念的国际政治学家蜡山单方面持有的、从国策性立场出发的真实看法。即，日本帝国的"大陆政策"催生的中国的排日民族主义，必须接受"枪林弹雨之中铁与火的洗礼"，被克服、转化、再生为共同承担地域命运的民族主义。高田保马曾批判说："否定支那的民族主义，而又要维持、形成与支那民族的融合，那是完全不可能的事情。"② 蜡山回应这种批判，说："可以说，怎样做才能够阻断发生在支那的错误的反日、抗日民族主义潮流？恰恰是该问题，才是'东亚协同体论'的原初性基调。"③ 蜡山此言表明，其"东亚协同体论"并非正视中国的民族主义之后构想出来的，而是将实际克服中国的民族主义委于炮弹之

---

① 见前引尾崎论文《东亚协同体的理念及其成立的客观基础》。
② 高田保马：《改造与民族原理》，载《改造》第21卷12期，1939年11月出版。
③ 蜡山政道：《东亚协同体之理论构造》，载《亚细亚问题讲座》第一卷，创元社1939年出版。

后，以在理念上克服作为目标构想出来的。正因为如此，蜡山才发表了下面这种和近卫声明一样随意并且自以为是的言论：

> 支那内部的民族统一的途径，其可能性只存在于排除西欧帝国主义、实现与已经开始在大陆发展的日本的互助提携。这里存在着即使是对于日本自身而言，日本的大陆发展也必须向摆脱帝国主义、建设民族互助的协同体这一方向飞跃的理由。(《东亚协同体之理论构造》)

不过，在将蜡山的这种东亚协同体论作为对于"支那民族主义"的否定进行批判的高田保马这里，"民族主义"是指什么？社会学家高田这样回答该问题："通过血缘与文化这种传统纽带联结起来的民族，不外乎追求其自我扩张，不外乎自我力量的本身。"这种回答是依据昭和初年社会学者、民族学者等所建构的"民族"概念，就是将具有民族色彩的起源作同一视、用文化同一性结合起来的人类团体那种意义上的"民族"概念。[①] 高田一边对这一仅仅是形成于1930年代之日本的概念进行实体性的理解，进而就日中两国间的民族共同性展开论述。"血缘、文化的共通这种纽带尚为更加薄弱的形式，但同时将两个民族作为一个整体进行组合。……可以说，那就是用组合民族的同一原理，将东亚各民族组合成为单一的东亚民族。在那里，集团性自我得以形成并被意识到，在那里其势力要求得以成立。"(《东亚与民族原理》)但是，这与其说是表

[①] 关于"民族"概念在日本的形成，请参照拙论文《"日本民族"概念的考古学》，收入《日本民族主义解读》，白泽社2007年出版。

达"同文同种"这种日中同一性的文化话语，不如说是立足于更加难以处理的"民族"概念的民族主义话语。这仅仅是将由我们的血与文化的同一性构成的"民族"概念强加给他们。那是帝国的暴力。因此高田又说："现在，只要支那高扬民族主义、看重血与文化的结合，就不应与英俄联合，不应排斥、侮辱日本。……只要民族主义被彻底贯彻、得以纯粹化，那就必须与英俄决裂、与日本联合。"这种基于庸俗"民族"概念的民族主义，就是帝国暴力自身。而且，支撑东亚协同体论的通俗性基础，毋宁说就在于高田所阐述的民族主义理论。这种对于中国民族主义的否定远甚于他所批判的蜡山。从他的"民族"学说中能够看到的那种日本的帝国暴力本身，更能促成、强化中国的民族主义。——这种悖论当然是高田本人所不明白的。

三木清认为"东亚协同体无法成立于单纯的民族主义之上"，构想出作为 20 世纪世界秩序的"东亚协同体"，以之作为否定民族主义的契机。他的这种构想也许是以高田阐述的那种"民族"式东亚协同体论作为前提的。不过，当我们看到三木是在否定我们的民族主义的同时也否定了中国的民族主义，就能知道，作为蜡山用铁与火克服"民族相克"的悲剧这种论调的替代物，他在表述中只是用理论的扬弃进行那种克服。中国的民族主义未曾被正视，而是早早地在理论层面上被扬弃了。

> 所谓"东亚协同体"，无法成立于单纯的民族主义之上。限于此，支那今日之民族主义乃必须被批判之物，而且，那种批判大概必须从世界史的现阶段已经不是单纯的

民族主义时代这种认识出发,换言之,即必须从阐明东亚协同体思想的世界史意义出发。①

五 "大陆政策十年之研讨"座谈会

将"东亚协同体论"作为源于"日华事变"的"历史产物"来把握的尾崎秀实,评论那种协同体论,说:"是从与事变以来民族问题激烈碰撞的教训之中产生的。对此我能够充分了解。"但是,尾崎此言,究竟是为评价围绕"东亚协同体"的理论建设而发,还是为了将应当真正正视民族问题作为论者的课题而发? 其真实意图我不太清楚。这是因为我实在无法认为到目前为止列举的"东亚协同体论"是与民族问题发生"碰撞"之物。蒋介石在1938年11月1日(近卫发表《东亚新秩序》声明是在11月3日)向中国人民宣告:"中国的抗战不是普通的历史上的两国争霸战,而是民族战争、革命战争,而且,民族革命的长期战争必将取得最后的胜利。"尾崎在引用了蒋介石的这段话之后,说:"在与民族问题的对比之下,自己就应当清楚地认识到'东亚协同体论'是多么悲惨、多么渺小。"(《东亚协同体的理念及其成立的客观基础》)这种由尾崎进行的对于蒋介石告国民书的引用,大概确实与《改造》刊载毛泽东《论持久战》具有相同的意义。尾崎是说:与战争事实——在中国发生的战争事实的严重性,即抵抗力量在扩展到民众层面的同时持续壮大的抗日民族运动这一在中国发生的战争事实——所拥有的

---

① 三木清:《东亚思想之根据》,载《改造》第20卷12号,1938年12月出版,收入《三木清全集》第15卷,岩波书店1967年出版。

重大性相比，日本知识界作为事变善后理论而建构的"东亚协同体论"卑微而又渺小，这是无须掩盖的。主张正视在中国发生的战争事实的，是尾崎们，而不是"东亚协同体论"的论者们。我这里所谓的尾崎们，是指那些努力进入中国民族问题现场的人。"大陆政策十年之研讨"，就是由那些人举办的座谈会。

昭和十六年（1941）十月二十五日发行的《满州评论》第509期（创刊十周年纪念特辑）刊载的座谈会记录《大陆政策十年之研讨》中，发言的是尾崎秀实、铃木小兵卫、橘朴、平贞藏、土井章、细川嘉六等出席者，座谈会是当年10月14日在东京银座后面的一家小中华料理店召开。如同前一章已经涉及的，在本次座谈会的次日即10月15日，尾崎秀实因佐尔格事件被拘捕。因此，尾崎在这次座谈会上的发言成为其"最后的留言"。仅仅从这一点来看，"大陆政策十年之研讨"座谈会也是重要的。重要性当然并不限于此。与在太平洋战争开战前夜几乎同一时期召开的"世界史立场与日本"座谈会①相比，在外地满州出版的资讯评论杂志《满洲评论》刊载的座谈会记录《大陆政策十年之研讨》远远不为人所知。即使是现在，想看相关文献的人也仅限于专业研究者。前者是传达那种预测对英美开战这种事态的、世界史立场之论说的躁动的饶舌，与之相比，后者对于十年大陆政策的回顾是使用悔恨与愤懑的词语，沉重并且灰暗。可以说，此次座谈会的重要性恰恰就在那一

---

① "世界史立场与日本"座谈会出席者为高坂正显、铃木成高、高山岩男、西谷启治，召开于昭和十六年（1941）十一月二十六日。座谈会记录刊载于开战一个月之后的《中央公论》昭和十七年（1942）一月"新年号"。三木清撰写了该期头条论文《战时认识之基调》。

点。因为,正是此次座谈会,传达了昭和十六年(1941)十二月八日开战之前日本的压抑、"支那事变"这场日本发动的战争所拥有的压抑。那是正视发生在中国的事实与现实——"现代的超克"的论述者们与持有"世界史立场"的哲学家们连正视的念头都没有的事实与现实——的人们不得不怀有的压抑。那大概也是昭和日本之黑暗的证词。而且,那是通过"现代的超克"座谈会的缺席者才得以完成的证词。

这种状态何以形成?"支那事变"完全就像是"满洲事变"的失控性延长,但有谁思考过那种延长?谁为那种延长做了思想准备?但是,出现在眼前的不就是"居然延长了"这种事态吗?这场座谈会是从主持人土井提出的问题开始的——"面对这种事态,日本从开始到目前是怎样对应的?"。昭和十年代的话语之中本来没有向"事变"之前的回溯,在这种环境中,始于土井此种提问的座谈会是少见的。

"至少,在'满洲事变'发生之际,……不考虑支那的民族问题或者支那自身的民族要求之类的事情,暂且那样开始了。我想这是'事变'的一个特征。"——尾崎这样表述眼前的事态,即:没有思考"存在于中国中原、中国核心地区的中国自身的问题","支那事变"就扩大化地延长了。土井说:"所谓'支那事变',依然还是成了'满洲事变'的延续。不过,事变扩大为世界规模、支那民族运动之类的问题,大概谁都没有感觉到。实际上,是因为发生了'卢沟桥事变',人们才开始有所了解。'卢沟桥事变'之前,这些事情没有被充分理解。"铃木回答说:"民族运动的本质几乎未曾被考虑。"细川的应答也是:"没有看到运动的本质,更没有看到全民族运动规模的扩大。"讨论确实是集中地以我所谓"存在于中国的日本的战争事实与现实"为中心展开的。但是,日本"注意到民族问题的时候为时已晚"(平贞藏)。为何会走到这一步?橘朴归因于"日本民族的堕落",说:"他们在朝鲜问题出现的时候认识迟钝,满洲问题出现的时候认识越发迟钝。若问为何变得那样迟钝,其最大原因在于日本民族的堕落,而且我觉得,日本人的堕落确实是有一定方向的。有必要对此进行反省、追问。"最后,我引用橘朴发泄式的言辞,结束对这场座谈会的介绍——

> 日本的政策必须从根本上重新制定。……所以,日本的改造,重新制订政策是基础!日本的改造也是如此。承认那种支那的统治方式——那种孙中山式地将民族主义化贯彻到全民族每个角落的统治方式,并且成为能够承认那种方式的日本。如果不达到这种程度,则终将失败。

第三章
"世界史之哲学"的时代
——"世界史立场与日本"座谈会

> 日本登上了世界舞台!
>
> ——高坂正显《"世界史立场与日本"座谈会》

> 所以,在欧洲是危机意识,而在日本则成为世界新秩序。
>
> ——西谷启治《"世界史立场与日本"座谈会》

一 "世界史之哲学"与京都学派

《"世界史立场与日本"座谈会》这份会议记录刊载于《中央公论》昭和十七年(1942)年的新年专号。①正值日本国民在昭和十六年(1941)十二月八日开战的冲击与夏威夷、马来海战的战果带来的感动中兴奋得发抖的时期。该期《中央公论》新年号在《卷首语》中向国民宣扬总体战的必要性(《国民的决心》),继而将三木清的论文《战时认识的基本方针》作为头条论文发表——该论文主张国民的事变认识到了必须转变为战时认识的时候。论文指出:"现在,'支那事变'跃升到了决定性的阶段。对于不断地阻碍事变

---

① 座谈会记录《世界史立场与日本》是发表在《中央公论》昭和十七年(1942)新年号,但座谈会的举办是在昭和十六年(1941)十一月二十六日。

之推进的美英两国，日本终于下定了开战的决心。"而且，高坂正显、铃木成高、高山岩男、西谷启治等四人举办的座谈会的会议记录《世界史立场与日本》，作为主要文章上了同期杂志的封面要目。不仅如此，该期杂志还刊载了穗积七郎、永田清、板垣与一、大河内一男等人举办的座谈会"长期总体战意识之集结"的会议记录。这样，所谓"世界史立场"与"总体战"，被作为为刚开始的"大东亚战争"提供理念、促进国民再次觉醒的标语口号传达给人们。

不过，用哲学式的饶舌将"大东亚战争"的理念式标语"世界史立场"建构起来的，是以高坂正显为首的四位京都学派中坚学者。在举办这场座谈会的昭和十六（1941）年，高坂与西谷都是四十一岁，高山三十六岁，最年轻的铃木三十四岁。[①]他们在京都大学以各种不同的形式受教于西田几多郎和田边元，与西田影响下的学者、知识人一起，组成了所谓"京都学派"。也许存在着另一种可能性，即"京都学派"是因为他们通过这次座谈会获得了更高的社会评价、与他们的名字一起被制造出来的名称。我在这里使用"西田影响下的京都学派"这种表述，是要指出：基于"世界史立场"的历史哲学话语即"世界史哲学"这种话语，只可能由他们这几位京都的西田学派人士来建构。在当时的日本，他们之外还有谁阐述过所谓"世界史哲学"的话语吗？或者可以说：唯有通过这些追随西田或者和西田一起围绕"历史世界的自我形成"进行哲学思考的人，这场"世界史立场"座谈会才能够被举办。与他们四人思想立场有差异但

---

① 四人的生卒年情况分别是：高坂正显（1900—1969）、西谷启治（1900—1990）、高山岩男（1905—1993）、铃木成高（1907—1988）。此外，三木清生卒年为 1897—1945。

终生与西田保持师生关系的三木清,也比他们更早地展开了以发掘"支那事变"意义为中心的"世界史"式的论述。

所谓"世界史立场"或者"世界史之哲学",大概是"西田哲学"这种哲学话语在昭和前期的战争时代、面向国家与国民的理念性自我理解的话语形成而发挥功能的近现代日本的稀有例证。不过,指出这一点,即使能让我们明白"西田哲学"这种哲学话语成了昭和日本这一历史性国家的理念化话语之类的东西,也并不是说对于"世界史立场"的讨论应当追溯到西田的历史哲学。对于我们来说,问题在于,通过将西田哲学作为共通的历史哲学母体的这几位,"世界史"的哲学话语在从"支那事变"向"大东亚战争"发展的昭和日本被建构起来。

二 为何是"世界史"?

"世界史立场与日本"座谈会的会议记录,与后来由同一群人举办的另两场座谈会①的记录汇编在一起,作为单行本《世界史立场与日本》在昭和十八(1943)年三月由中央公论社出版。该书序文好像是要炫耀"世界史立场与日本"座谈会的预见性,这样写道:

> 大家相聚在一起是同年(昭和十六年)十一月二十六日晚上,比天皇陛下颁发大东亚战争诏书早了十三天。我

---

① 第二次座谈会的记录《大东亚建设的伦理性与历史性》刊载于《中央公论》昭和十七(1942)年四月号,第三次座谈会的记录《总体战的哲学》刊载于《中央公论》昭和十八(1943)年新年号。

们本来不可能知道形势会紧迫到那种程度。但是，能够感觉到的、世界上日益增加的、实在是非同一般的迹象，使我们自觉地把讨论集中到世界史与世界史中日本的主体位置问题上。这样，那天晚上的座谈会记录，后来被加上"世界史立场与日本"的标题，在去年一月的《中央公论》杂志上发表。

这段话再一次使我们联想起在"现代的超克"座谈会开场时主持人河上彻太郎说的那段话："尤其是12月8日以来，我们的感情这种东西，在此立刻呈现为一个类似于范型之物。……就是说，我将该范型称为'现代的超克'。"[①]这段话我已经多次引用。确实，"世界史立场与日本"，也同样是在已经处于世界大战预感之中的、昭和十五六年的日本时局中瞬间定型的。正是与昭和十六年（1941）十一月这种开战前夜之时局的吻合度，提高了人们对于此次座谈会的评价，将京都学派的四位发言者引领到了战时日本舆论界的中心位置。不过，就像必须追问河上等人为何将"大东亚战争"的开战这种冲击作为"现代的超克"问题来接受，同样必须追问的是：面临战争的昭和十六年（1941）的日本，为何被从"世界史立场"来把握、来阐述？不久，撰写《世界史哲学》的高山称"历史哲学必须是世界史哲学"，[②]并给自己说的话打了着重号。但是，为什么现在从日本阐述的历史哲学必须是"世界史哲学"呢？

高坂用在这次座谈会上打头炮的形式就日本的历史哲学展开叙

[①] 《现代的超克》（著者代表，河上彻太郎）。创元社1943年出版。
[②] 高山岩男：《世界史的理念》，收入《世界史哲学》，岩波书店1942年出版。

述，说日本的历史哲学经历了三个发展阶段。他说首先最为盛行的是"里克尔特式的历史认识论"，①其次是"力图从狄尔泰式的生命哲学等所谓解释学出发思考历史哲学的时代"。继而到了现在，即更进一步"达到了所谓历史哲学具体地说必须是世界史哲学这种自觉"的阶段。高坂就是这样阐述了其所谓的日本的历史哲学现在已经到达第三阶段即"世界史哲学"阶段。这里所谓的日本历史哲学经历的三个阶段，大概是指西田及其周围的高坂等人的方法意识（以历史哲学式反省的历史记述为中心的方法意识）与马克思主义历史意识在相互交织之中所经历的过程。不过，这里被表述的历史哲学三阶段在日本的展开，仅仅经过了始于第一次世界大战之后、即始于大正末期 1920 年代的短短二十余年。解释学、现象学等经由和辻哲郎、九鬼周造等人从欧洲输入日本，是在 1920 年代即将结束的昭和初期。可以说，昭和十年代②是历史哲学的第二阶段，即"生命哲学、解释学等"最为兴盛的时期。正是这种解释学，确认了一国历史中固有文化的同一性，发现了"传统"，将具有历史个性的"民族"概念建构起来。以该"民族"为主体性基础，"世界史立场"的主张亦被提出。③

---

① 里克尔特（Heinrich Rickert，1863—1936），德国哲学家，西南德意志学派代表人物之一。主张文化科学相对于自然科学的独立性，进而建构了以认识、存在的根本为价值前提的哲学体系。——译注
② 这里的"昭和十年代"是指昭和时代的第一个十年，即 1926 年至 1936 年间。——译注
③ 高坂在座谈会上有如下发言："在民族拥有主体性的情况下，那无论如何也必须具有国家性的民族这种意义。……我认为，在此意义上，世界史的主体即国家性的民族。"

第三章 "世界史之哲学"的时代

这样梳理下来，我们注意到：现代日本历史哲学中的第三阶段即"世界史哲学"阶段到来的时期，与这场座谈会召开的昭和十六年（1941）这一时期几乎是同时的。高山《世界史的哲学》（昭和十七年九月刊行）的第一篇论文《世界史的理念》（一）、（二）公开发表，是在《思想》杂志昭和十五年（1940）的四月号和五月号上。西谷启治的《世界观与国家观》（弘文堂书房）是在昭和十六年（1941）七月出版。而高坂正显的《民族的哲学》（岩波书店）是在昭和十七年（1942）四月出版。另外，铃木成高的《历史国家的理念》是在昭和十六年（1941）十二月由弘文堂书房刊行。这样看来就可以明白，日本的历史哲学进入"世界史之哲学"阶段——如果换一种更正确的表述，即"世界史哲学"这种话语性立场在同属于日本京都学派的这些人当中被建构起来——是在应当称作"开战前夜"的那个时期。在"支那事变"之中倾听着国家向世界战争行进的足音，而且是伴随着对美英两国的开战，由这些人满怀信心地建构起来的，就是"世界史哲学"。成其为"世界史哲学"理论实质的诸要素，均与开战的事后式工作相关联。① 这一事实，呈现了存在于三木清与他们之间的距离——三木在事变发生过程中已经

---

① "世界史之哲学"的理论化是开战的事后性工作，这在他们的著作中有明确表现。更鲜明地显示这种事后性的是"世界史讲座"的策划。以京都学派的这些人为中心策划、编辑的这次讲座，与其说是在战争状态下、不如说是在战败临近的昭和十九（1944）年春，由弘文堂书房刊行。第一次发行的是《日本世界史》（世界史讲座二），当年二月刊行，第二次发行的是《世界史的理论》（世界史讲座一），当年三月刊行。发行被认为到此终止。总而言之，战争状态下的"世界史"理论被汇集、归纳于此。我想把对这一问题的重新讨论作为今后的课题。

展开了赋予"东亚新秩序"的构想以"世界史"意义的话语行动。

三 三木清与他们之间

发表《座谈会·世界史立场与日本》的那一期《中央公论》，将三木清的论文《战时认识的基础》作为头条文章发表。论文同样阐述"世界史"，但三木并未与高坂等人一起出席座谈会。三木作为在当时已经具有权威性的理论家，是名列杂志目录开头撑门面的论文作者。他未出席座谈会，表明了他阐述"世界史意义"的话语与高坂等人宣扬"世界史立场"的话语之间存在着差异。确实，三木与高坂、西谷之间有三岁的年龄差。但是，比这种年龄差更大的差异存在于三木与他们之间。

从京都的学院派群体脱离出来——或曰被排挤出来——的三木清，很早就找到了在学院派之外作为一位哲学家或者哲学发言人的理想状态。哲学的教养主义演说家姑且不论，三木积极进行与马克思主义的思想交流，完成以历史哲学、技术哲学等为中心的自成体系的思想探索，是在他将自己作为定位于现实世界中的哲学家三木的时候才成为可能。不过，那是属于三木哲学论的问题，不是这里要讨论的问题。这里问题是另一位三木，即作为面向时局的哲学发言人与评论家的三木。三木在昭和时期的第一个十年间面对事变旋涡中的时局积极发言，是因为他成了近卫首相智囊团即"昭和研究会"的重要成员。三木和蜡山政道一样，都是近卫提出的、作为事变对应策略的"东亚新秩序"的共同建构者，也是理论支撑者。应当说，这一时期三木在各种杂志上连续发表的论文，几乎都是对该"东亚新秩序"构想的哲学性阐发——赋予"东亚新秩序"以世界史意义。从三木的这种对于时局的参与之中看出其重大决断的，是能够理解置身这种时代的三木等批判知识人之苦衷的久野收。在时局由"事变"向战争发展的情况下，抵抗之路日益被堵塞，可以选择的道路只剩下两条：三木说一条是"承担战后日本的所有责任、沉默到底之路"，另一条是"承担一切战争责任、谋求转变战争意义之路"。① 三木选择的是后者。但是，久野说：作为全面战争的性质不可避免地日渐增强的战争进展，不可避免、日益显著地使三木等人设计的那种"赋予战争目标以理想主义意义的话语，最终变为服务于'现实性胜利'（全面胜利）的手段或陪衬"。确实，应当说，我们现在从三木的论文中看到的，是不幸沦为战争突进时局之陪衬的、赋予意义的话语的悲惨姿态。久野收居然能够读出这种陪衬性质的话语背后著者的痛苦决断，是因为他曾经与三木一起生活在黑暗年代，并怀着同情回忆三木。

以终结发生在大陆的事变为目的打出的"东亚新秩序"这一标语，尽管事变已经长期化，却依然被徒然地不停舞动。前文已经说过，发表《座谈会·世界史立场与日本》的那一期《中央公论》，作为头条发表了三木清的论文《战时认识的基础》。该论文是用这种表述开头的："现在'支那事变'跃升到了决定性的阶段。对于不断地阻碍事变之推进的美英，日本终于下定了开战的决心。"这句即使是当时的政府或军部也可能说出的话，传达出了三木这篇论文的全部内容。所谓"大东亚战争"，即已经长期化的"支那事

---

① 据《三木清全集》第 14 卷（岩波书店，1967）中久野收撰写的"后记"。另需说明的是，久野收生于 1910 年，卒于 1999 年，是晚于三木入学的、三木京都大学哲学科的校友。

变",此时进入了决定性的阶段。所谓"支那事变之推进",对于近卫、三木等人来说,即意味着"东亚新秩序"的建设。因而,所谓进入战争——与一直阻碍事变推进的美英两国的战争即"世界战争"——的决定性阶段,即意味着进入了"东亚新秩序"的建设此时应当被作为"世界新秩序"的建设来思考的阶段。三木是这样说的:

> 今天的战争对日本民族提出的要求是世界性新秩序的构想。本来,战争的直接目的是东亚新秩序的建设。但是,这种建设如果脱离了世界新秩序的构想,则既不可能思考也不可能实现。这是已经被"支那事变"发展为对美英两国的战争这一事实本身所证明的。

随着时局的进展,更多地发表了那些仅仅是提供"意义"的言论——三木这些言论的空洞性已经是悲剧性的。不过,到现在为止我之所以一直专注于三木的言论,是为了审视三木与京都学派那四位之间的差异或距离。这样做并非为了判定"世界史哲学"这种话语的优先权,亦非为了将"帝国主义式的言论"这种标签贴在某一方上。毋宁说,我是想看看那种与三木——沉重而又阴郁地纠缠于"支那事变"与"东亚新秩序"的三木——不同的、发生在京都学派诸人那里的、哲学式鼓噪的躁动性崛起。

四 "世界史的日本"之发现

高坂阐述日本历史哲学的第三阶段,称"具体说来就是达到了这种自觉——必须是世界历史的哲学",进而问道:"那么,为何会产生这种自觉?"对这一问题高坂自问自答,说:"我认为这种自觉是现在日本在世界历史上的位置促成的。"即"世界史"的理念是日本现在的位置所要求的。那么,所谓现代日本,处于怎样的世界史位置?不过,即使通过进行这种反问重新解读这场座谈会,其中任何人的发言中也都不存在以现代日本为中心的历史性自我分析。不仅如此,涉及以日本直接面对的内外危机为中心的言论之中,也完全没有出现这种分析。这不能不令人吃惊。其中存在着的,只有欧洲的危机,只有与结合那种危机被阐述出来的日本的世界史意识。所谓"世界史的日本",似乎是一种与欧洲危机相关的、身为日本人的这些人所怀有的膨胀的自我感觉。我不能不认为那是与三木话语——从与"支那事变"这种现实的思想关联产生的、提供"世界史"意义的话语——的决定性差异。然而,这场"世界史立场与日本"座谈会,在群情激昂于开战的日本却获得了广泛好评。①

"我认为,欧洲人思考的所谓世界史与我们思考的所谓世界史之间,存在着相当大的差异。……在真正的意义上切身感受所谓世界史的,与其说是欧洲人不如说是我们日本人。而且,我认为这是正当的。之所以这样说,是因为这并非日本人主观性的观念,而是世界史自身之中包含着这种根据。我是这样认为的。"这是高山接

---

① 刊载第二次"世界史立场与日本"座谈会记录的那期《中央公论》(昭和十七年四月号),其"后记"中这样写道:"新年号上的《座谈会·世界史立场与日本》,最近少见地受到了好评。尽管讨论是在大东亚战争爆发之前举行的,但所论内容的真实价值,却好像在今天得到了进一步的提高。"

着高坂在开头提出的历史哲学问题的发言。高坂与铃木立刻应和高山的发言，说"颇有同感啊！"。高山的这种发言，告诉我们日本人主动阐述的"世界史的日本"这种话语的本质是什么。那不外乎怀着日本人的主观意识、对帝国日本——像是使欧洲式世界秩序陷于崩溃并宣告其世界史的终结一样、现在确实正在登上亚洲太平洋舞台的帝国日本——进行表述的话语。日本现在表达其世界史立场是正当的。为何是正当的？其理由在于：日本现在正处于世界史的位置。这是循环论证法。这之所以成其为循环论证法，是因为它表明的是主观性的信念。而且，使这种循环论证法得以成立的，是作为其绝对前提的帝国日本确实存在着。对于从这种现实存在展开的讨论而言，对于现代日本与国际状况的认识也好、分析也好，都完全不必要。问题仅仅是将这个帝国日本作为"世界史的日本"进行重新发现。

　　西谷启治在这次座谈会即将举办之际，出版了前文提到的小册子《世界观与国家观》，[①]并在该书序言中讲述了自己留学柏林时的体验。他说那是在"日支事变发生的大概三个月之前"，大概就是昭和十二年（1937）四月前后的事情。德国报纸上刊登了有关日本的书籍的广告，其中有"今天世界史的舞台正在向太平洋转移，处于焦点位置的是日本"这种广告语。他说自己看到这种广告语便产生了一种"错综复杂的感情——一方面觉得那种表达显然过于夸张，一方面又有受到冲击的紧张感"。被欧洲视角同一化的西谷，是从"世界史的日本"在欧洲视野之中堂皇登场的姿态受到了冲击。据他记述，不久"七七事变"发生之后，身在欧洲的日本人困

---

① 西谷启治：《世界观与国家观》，弘文堂书房1941年出版。

惑于"事变"的发生，一直谈论那个话题。不过，西谷说他注意到了其中存在着奇妙的现象。德国人将"事变"看作是无法阻止的，而与此相反，"许多同胞的态度是旁观式的，是旁观式批判性的"。西谷由此反省那种存在于日本知识人之中的、不关心现实的态度，写道："但是，最为重要的是，感觉到了存在于自身内部的那种缺陷。因此，用自己的方式使现在的日本——从世界关系与世界史之中看到的日本——的位置变得清晰，这种要求受到前面所说事情的触发，因而出现了。"

西谷记述的这个小插曲，对于思考"世界史的立场"在他们这里如何成立这一问题具有启示意义。启示之一是，他们所谓的"世界史的立场"这种话语，本质上就是日本人对德国报纸上那份广告词的复制。首先是欧洲世界将"世界的日本"在亚洲登场这一事实作为对于自己的威胁而发现。现在，日本的他们这些人用自己的语言将欧洲世界的惊讶作为"世界史的日本"进行再生产。只有在与既存的欧洲性的"世界"的关联性之中，新的世界性的日本才能被叙述出来。阐述欧洲式世界的危机，或者阐述欧洲世界的终结，即导致阐述"世界史的日本"。"因此，在欧洲是危机意识，在日本则成其为世界新秩序。"西谷在座谈会上是这样说的。所谓欧洲之危机的现代，即"世界史哲学"在日本被阐述出来的时代。

那个小插曲的另一启示是：对于日本知识人不关心现实这一现象的反省，促使西谷转向为现代日本确定世界史位置。这一事实告诉我们序文的言辞之中隐藏着的某种东西。包括身处欧洲的西谷在内的日本知识人的对于现实的不关心，实质上难道不就是对于日本自身的不关心？所以德国的广告语才给他们以冲击——日本比自己一直思考的强大许多,乃世界史式的存在!正因为如此,西谷的反省才促使他转向为那个日本确定世界史位置。西谷的反省之中存在着飞跃。对于那种漠然心态的反省,忽然之间就使他转向了为日本确定世界史位置。给他带来这一飞跃的是那广告语的冲击。我在这里考察的是开战前夜存在于日本知识人之中的"回归日本"的一个例子。即京都学派的"回归日本"促成了对于"世界式"帝国日本的再发现。在开战前夜的日本,就像复制那种德国的广告语一样,"世界史的日本"这一立场被他们重新建构起来。

五 "世界史使命"

> 欧洲人近来感觉到了来自东洋的攻击,而且,是用那种威胁的观念或者防御的观念来看待今日世界之局势,总也摆脱不了这种看法。我认为,在把握世界史性质的局势方面,世界的革新这种观点是第一位的。(铃木成高)

> 结果是这样一种意识——所谓欧洲成了一个特殊地域,而且,这种意识的背后,依然是有色人种的崛起、有色人种巨影似的出现于遥远的地平线那种感觉。(西谷启治)

为了将在欧洲世界的危机意识中像"巨影"一样可怕登场的日本作为改写、重写既定世界历史、创造新世界史的能动书写者,那么,将日本作为历史创造的主体来重新把握就是必要的。"所谓历史即人种的、民族性的历史"(高坂)一语与在"任何时候,驱动世界史向前发展的都是道义性生命力"(高山)一语相呼应,同时还生产出了高坂的这种表述:"在对于世界史而言能够成为具有决定性意义的那种场合,无论如何,民族的生命力、进而是道义性生命力将变得强有力。——我这样认为。""世界史的立场"这场座谈会之所以成了及时回应开战前夜那种时代要求的会议,最主要的是取决于高坂的这次发言。为了世界史的革新、用道义性生命力进行战斗的民族主体在此形成。"战争之中存在着道义性生命力。健康生命针对那种努力维持形式上的正义感、实际是维持旧秩序或现状的那种非正义进行的反击,我认为就是所谓道义性的能量。"高山此语,立刻得到了高坂那段话的回应。为了世界新秩序而进行的战争,乃拥有道义性生命力的民族所展开的主体性、能动性行动。这样一来,所谓世界史的革新即成为该道义性民族所负有的"世界史的使命"。高坂说承担此种"世界史的使命"的是日本,日本决定着世界史的方向、承担着引导世界前行的"世界史的必然性":

> 在这动荡的世界,何处会成为世界史的中心?经济力量或者武力等当然是重要的,但那必须由新的世界观、新的道义生命力为其提供原理。因为世界史的方向取决于新的世界观、新的伦理道德能否形成。难道不是成功地创造出新世界观、新伦理的人引导着世界史前进的方向吗?我觉得,在此种意义上,世界史要求日本发现这种原理,日本承载着这种必然性。

这是"世界史的立场与日本"座谈会制造出来的煽动性话语。此时高坂进行的煽动并非仅仅是针对一同参加座谈会者而进行，①并且是针对作为座谈会记录之读者的日本国民而进行。对日本"世界史的立场"进行再发现的这场座谈会，通过讲述战斗的日本的"世界史的使命"，成为使用世界史的理念这种言辞煽动国家与国民的座谈会。在座谈会最后，高坂用强调的语气说："在拓展新世界的地方存在着历史的意义。解决该问题的主体乃国家性之民族。"

六 十二月八日与道义性生命力

革新世界史这一日本的使命与使其成为可能的民族之道义性生命力——对此进行阐述的《座谈会·世界史立场与日本》，发表于昭和十六年（1941）十一月的《中央公论》杂志。一个月之后12月8日的开战，是对于那场阐述日本历史创造行动之"世界史的必然"的座谈会的话语性胜利的证明。第二次座谈会名为"东亚共荣圈之伦理性与历史性"，②在他们对于话语正确性的切身体验之中召

---

① 高坂正显的这种言辞也煽动了参加座谈会的其他人。这一点为第二次座谈会参加者的发言所证明，从西谷的论文也可以知道——西谷在座谈会之后，用更具理念性的语言撰写了重新阐发高坂发言的论文。"作为世界形成功能之内核的理念，是从国家之生命根源、作为世界之自我表现、在国家之中被孕育出来，成为国家之历史性创造的根本原理的。即在某种意义上成为道义性、宗教性生命力的内容（或者反过来说，成为将国家之生命力进行道义性提升之物），进而，作为理应重新构建的历史性世界图景的构想而展现形状，该形状进而通过国家行动提供于现实性的世界之中。"（《世界史之哲学》，收入《世界史的理论》，弘文堂书店1944年出版）这是将理念提供给为革新世界史而战斗的国家的典型言论。

② 这场座谈会的内容发表于《中央公论》昭和十七年（1942）四月号，杂志封面上是"大东亚建设的伦理性与历史性"。

开。铃木说："12月8日就是我们日本国民最为真切地感受自己所拥有的道义性生命力的日子。"而且，他这样表达自己对12月8日开战的感慨："在我们主体性地展开行动的地方，第一次有了必然。就是说，历史的必然可以称为主体性必然，或实践性必然。我是这样认为的。尤其是在12月8日，我对此有深切感受。……之所以认为战争难以避免，原因在我们之外，即在世界之中。那种必然，通过12月8日日本的奋起，第一次清晰地展示出意义。我认为那里存在着道义性生命力，存在着作为历史形成力量的道义性生命力。"[1] 将由日本进行的对于世界史的革新性重写作为"世界史的必然"来阐述的第一次座谈会出席者，就这样讲述了自己的感动——目睹那种必然性通过开战这种日本的能动行为而作为实际历史过程现实化的时候而生的感动。那么，基于这种感动发表的言论表达了怎样的内容呢？那仅仅是发出了用更加理念性的言辞将"大东亚战争"这一世界史革新行动正当化并为之提供根据、鼓舞煽动国民的词语。例如，对于东亚共荣圈通过"大东亚战争"的形成，西谷一边传播第二次座谈会的关键议题"道义性生命力"，一边这样为其提供理念：

> 那种立足于民族统一、包含着道义性生命力的国家，在其发展受到世界既定秩序之阻碍的情况下，打破旧秩序的运动必然因此发生。……所以，在广域圈的建设中，经济自给与这种自给所包含的保卫基本生存这一国防意义相结合，进而

---

[1] 引自将第二、第三次座谈会记录与第一次座谈会记录同时收录的《世界史立场与日本》，中央公论社1943年出版。

在其根本之处，存在着作为建设之主动力的国家的道义性生命力。对于世界新秩序的要求也从那里出现。因此，经济性要素与国防性要素的根本之处存在着民族要素，而且，那种民族要素作为道义性生命力带着伦理意义出现。我认为那就是我们现在身处的阶段。

而且，这种表述也理所当然地与下面这种鼓舞、煽动国民的言辞相伴随：

> 所谓道义性生命力，一方面要彻底贯彻到每一位国民的主体之中，另一方面要向世界新秩序这种世界性扩大，而且，必须在将两个方面结合起来的同时，使其成为主导国家的能量。

这种为昭和日本的战争提供历史哲学理念、煽动国民的言辞，不能作为战时之外的话语来处理。针对既定的欧洲式世界秩序倡导亚洲式新秩序的日本的行动——他们京都学派为这种行动阐发道义性理念的历史哲学式话语，在战后日本依然拥有竹内好努力高度评价的那种力量。[1]

---

[1] 竹内好在其重新讨论"现代的超克"（《现代的超克》，载《近代日本思想史讲座》第七卷，筑摩书房 1959 年出版）的时候，高度评价"世界史的立场与日本"座谈会。他将第三次座谈会"总体战的哲学"作为对于宣战诏敕的完美解释给予好评，据此展开了对于"大东亚战争"思想属性的分析。关于这些观点，请参照本书第九章《"现代的超克"与战争的二重性》。

第四章
诗改变世界秩序
——日本浪漫派与文学反叛

> 此时，视一切近代日本的惰性知识为陈旧，且视其理论为简陋，他们用剑与诗开始了知识与秩序的变革。
>
> ——保田与重郎《桂冠诗人中的一位》①

> 就是说，日本浪漫派的运动，起源于对正在崩溃的日本体系发出的叹息。
>
> ——保田与重郎《现代的终结》

一 昭和与浪漫主义式转变

重读和辻哲郎的《作为人学的伦理学》（1934），我不由得再次关注那种应当称作"昭和时代精神"的思想观念。该书具有"绪论"的性质——即为和辻代表作《伦理学》的体系性论述撰写的方法论性质的绪论。和辻在该书中将"伦理"这一概念作为人际性的人的存在法则进行重新建构，以此概念为基础，对亚里士多德以来

---

① 这里的"桂冠诗人"日文原文写作"戴冠詩人"（たいかんしじん）。日本浪漫派成员认为日本古代的天皇、皇太子同时也是诗人，因此名之曰"戴冠诗人"，并视日本武尊为第一位"戴冠诗人"。——译注

的西洋伦理学史进行所谓"解构性的重读"。不过，和辻这种通过重读展开的论述，从康德开始经过柯亨而至于黑格尔，发生了彻底改变。和辻好像是和黑格尔们一起共有了19世纪初叶德国的浪漫主义式的昂扬。在"憧憬希腊精神"的同时，"浪漫主义者再次朝着有机整体性投去了目光"——写下这种词句的和辻哲部，在这里，是用自己的伦理学体系去唤醒黑格尔用其哲学体系唤醒的"生存的整体性"。他通过对于黑格尔任教于耶拿大学时期的著作《人伦之体系》的细致、共感式的追踪分析，不久，在其《伦理学》中卷（1943）中能够看到的那种记述——有关从家族到民族-国家的人伦形态（人的共同形态）的内容丰富的伦理学式记述——被引导出来。① 从康德的抽象普遍性向黑格尔的具体普遍性的转变——和辻是将这种转变作为西洋的个人主义伦理学向东洋的人类共同形态伦理学的转变进行再现的。

和辻哲郎的《伦理学》可以说是昭和前期的文化学代表著作。对该书进行上述解读之后会产生这样的看法——1930年代昭和日本的学术，尤其是文化学，是通过所谓浪漫主义式的转变形成的。昭和的哲学关怀也从新康德派的认识论转向历史哲学，国家与民族这种人类集团、人类共同体的问题成为昭和文化领域各门学问的主题。② 确实如此，"生存的整体性"成为昭和学问的主题，并且成

---

① 我重读《作为人学的伦理学》，是为了给该书的岩波文库版撰写解说。请参照《作为人学的伦理学》（岩波文库，2007年6月刊行）的解说《日本伦理学的方法论绪言》。

② 关于昭和时期哲学式关心的展开，前一章《"世界史之哲学"的时代》已经涉及。而且，在昭和战前期人文科学的形成方面，对于埃米尔·杜尔凯姆等人的法国学派社会学、格奥尔格·齐美尔等人的德国学派社会学影响的接受，也（转下页）

为学术性的理想。而且，在和辻这里，对于"生存的整体性"的伦理学式的建构与阐述，是以东洋的伦理（人伦之法则）及其逻辑（"空"的辩证法与绝对的"无"）为基础的——当我们明白这一点的时候，也就能够理解昭和文化学中的浪漫主义转变具有从西方向东方的地缘政治学转变这种性质。不过，以包括和辻在内的京都西田学派的哲学、伦理学、美学、宗教学、历史学以及文化史学等为代表性学术舞台而进行的这种浪漫主义式的学问的转变与展开——我之所以在此谈论其转变与展开，是为了阐明日本浪漫派或者保田与重郎等人的文学运动所包含的昭和时代浪漫主义精神的极致这种性质。对于昭和日本的极端浪漫主义者保田与重郎等人来说，和辻等人的"岩波文化"，不外乎明治时代的文明开化在昭和时代结出的"殖民地文化"果实。①

二 "剑与诗"的叛乱

保田与重郎昭和六年（1931）从大阪高中毕业，同年四月入东京大学文学部美学专业就读。第二年即昭和七年（1932）三月，保田与大阪高中的毕业生们创办了同人文艺杂志《我思》。② 那是在

（接上页）产生了影响。这一点应充分注意。

① 例如，保田与重郎这样说："作为今日之代表性文化的岩波文化，今天在战争状态的基础上，已经成为一个集团势力化的、女职员群体的时尚装饰品。这是毋庸置疑的事实之一。皆为殖民地文明之物，即在成为女性装饰品被抛弃、被遗忘之前留下生命之物。"见《为了自然主义文化感觉之否定》，昭和十六年（1941）六月，收入《现代的终结》，小学馆1941年出版。

② 该杂志名称日语原文写作"コギト"。コギト为拉丁语"cogito"（转下页）

保田23岁的时候。在昭和九年（1934）十月《我思》第三十期上，保田发表了他执笔的《"日本浪漫派"广告》。"现在，我们为了否定文学运动而主动开始文学运动。"保田在广告中用正话反说的方式发表了文学宣言。保田与中谷孝雄、伊东静雄、龟井胜一郎、神保光太郎等人一起创办杂志《日本浪漫派》，是在昭和十年（1935）三月。

这里将日本浪漫派的成立时间与保田的个人简历一同记述于此，是为了说明此派成立的时期也正是昭和时代最为沉重、阴郁的时期。保田本人也曾反复讲述这种时代的沉重与苦闷。"我认为，在青春期遭遇了以昭和七、八年为中心的那个时代的青年人的心情，正因为在那个时代日本这一国家处于最坏的状态，所以产生了空前绝后的复杂性。"①——保田回顾初期浪漫派运动的时候这样说。关于以这种日本国的"最坏时代"为背景的日本浪漫派这一文学运动的开始时间，保田这样回忆说：

> 明治之后的日本的浪漫主义运动，在这昭和七、八年前后再次兴起。说到昭和七、八年，正是六年的"满洲事变"、七年的"五月事件"、不久之后十一年的"东京事件"相继发生的时期。当时的国家状态，颓废到了仅仅用源于身体的诗的表现难以拯救的状态。而且，那种表现并非通

（接上页）的音译词，意思是"我思考"，即笛卡儿"我思故我在"的"我思"。——译注

① 保田与重郎:《我国的浪漫主义之概观》，昭和十五（1940）年八月，收入《现代的终结》。

过风靡一时的社会主义思潮来进行，而是通过日本主义者的诗式挺身来进行。此时文学方面的新运动，从所谓的"日本浪漫派"发表宣言拉开了序幕。(《我国的浪漫主义之概观》)①

就像保田本人在这里描述的，所谓日本国家的"最坏时代"，即始于"满洲事变"、其后相继发生了"五·一五"以及"二·二六"等事件或事变的时代。② 而且，保田撰写上述回忆性文章的昭和十五年（1940）八月，即日中战争发生之后的第四个年头。在那前一年9月的欧洲，德国进攻波兰，即世界大战已经开始。保田是将日中战争爆发前的昭和日本的那个时期作为日本国家的"最坏时代"进行回忆的。昭和时代是伴随着恐慌开始的，置身这一时代的闭塞感之中的许多日本人，赞扬军部用"满洲事变"这种形式打破日本闭塞状况的行动力。这种作为促成军部行动之内在动因的、弥漫日本国家与社会的闭塞感，为保田等文学派青年与日本陆军的青年军官们所共有。"当时的国家状态，颓废到了仅仅依

---

① 保田与重郎：《我国的浪漫主义之概观》，昭和十五（1940）年八月，收入《现代的终结》。译者说明：参照本章第四节的论述。
② "五·一五事件"发生于1932年（昭和七年）5月15日，日本海军的年轻军官不满于日本的农村凋敝、政治腐败，与爱乡塾等民间组织的右翼人士联合，冲击日本首相官邸与银行等重要设施，杀死首相犬养毅（1855—1932）。此次事件的发生标志着昭和日本政党内阁时代的终结与军部发言权的扩大。"二·二六事件"即1936年（昭和十一年）2月26日日本陆军皇道派青年军官发动的军事政变。政变者占领东京永田町（类似于现在北京的中南海）一带的首相官邸、警视厅，杀死多名大臣。27日政府下达戒严令，29日政变被镇压。此次事件成为日本军部介入内阁、干预政治的起点。——译注

靠基于身体的诗歌表现难以拯救的状态。"① 保田此语在各种不同意义上描述了日本浪漫派文学运动起步时的位置。首先，此语传达的是：日本的国家状态颓废到了只有通过军事叛乱才能拯救的程度——这种认识是他们共有的。"用身体进行的诗的表现"这种青年军官们的军事叛乱，与"不用身体进行的诗的表现"这种日本浪漫派的文学运动——保田们是将此二者同样作为对于日本之颓废的反叛置于同一位置。他们的那种"诗之表现"的运动，乃不使用身体的文学性的反叛。这里存在着日本浪漫派文学运动根本的并且是绝对的政治性。

　　反叛始于对日本现状的哀叹。那种哀叹借助身体行为的呈现，即为青年军官们的叛乱。保田们则试图彻底地将那种哀叹作为"诗的表现"。保田在《桂冠诗人中的一位》的"绪言"中这样说："此时，视一切近代日本的惰性知识为陈旧，并视其理论为简陋，他们用剑与诗开始了知识与秩序的变革。"② 这篇"绪言"是由应当被称作他们诗歌叛乱之"政权公约"的词汇所构成的。他们与青年军官们的对于日本之叹息的共有，促使保田主张通过"剑与诗"进行"知识与秩序的变革"。"咏"与"叹"都是通过延长词语的长度以抒发情感。所谓"叹"，因此是诗歌之始。保田是在借助这种国学式诗学的同时，将对于日本的叹息作为"诗的表现"、作为"诗"的运动编织起来的。保田后来说："就是说，日本浪漫派的运动，

---

① 这里所谓的"基于肉体的诗歌表现"是一种比喻性的说法，是将军事政变诗化，即下文的军事叛乱。拿起武器发动政变即用身体写"诗"。——译注
② 引自《桂冠诗人中的一位》（东京堂 1938 年出版）的"绪言"一文。这篇标明写于"昭和十三年九月初"的"绪言"，被看作日本浪漫派运动的"政权公约"。

起源于对正在崩溃的日本发出的叹息。"① 不过，为何是依据"诗"性原理的反叛？那是一方面回想着日本的某种东西、一方面努力拒绝现实中的某种东西的反叛吗？

三 "诗"的形成

对于日本的本质性叹息必须是文学表现（诗的表现）——在保田这里，"诗"是承载着根本的或曰绝对的政治性的文学表现概念。现在，我们必须对这个概念的形成过程进行思考。这里所谓绝对的政治性，是指文学反叛中包含的、拒绝相对政治变革之虚假性的那种政治性。所谓存在于浪漫派文学运动或曰文学性革命运动之中的政治性，就是指这种绝对的政治性。

在《桂冠诗人中的一位》②一书中，保田将"诗"在日本的成立置于日本武尊的悲剧性生涯之中来把握。③ 本居宣长曰："那么，若内心深处感到悲哀，则必然发出长叹。因此，其意转为感物，继之而来的叹息与眺望亦然。"④ 意思是说：人的叹息、人的眺望都和诗歌一样是产生自知哀之心。依照宣长的这种诗学理论，努力将对于日本的深长叹息置于诗歌表现行为之中来把握的保田，便到日

---

① 见前引《我国的浪漫主义之概观》。
② 《桂冠诗人中的一位》最初是在《我思》（《コギト》）昭和十一年（1936）七月、八月号，后来与其他文章一起收入文集《桂冠诗人中的一位》。
③ 日本武尊为景行天皇的皇子。日语读音やまとたけるのみこと，汉字亦写作"倭建命"。——译注
④ 本居宣长：《石上私淑言》（上），岩波文库。译者说明：本居宣长（1730—1801），江户时代中期的国学家，宣扬复古思想、排斥儒教，奠定了日本国学思想的基础。

本武尊的悲剧生涯之中去探求日本"诗"的成立。保田为探求该"诗"的成立所进行的朝向古代的追溯，与其国学认识相伴随。宣长的古典学问，乃至对这位宣长进行批判的富士谷御杖①的诗歌学说，在保田的话语中均被提起。保田在不停地唤醒前代硕学的过程中对于"诗"的形成提出的问题，即"倒言的言灵论"②，即"言灵的艺术论"。保田对我们提出这样的问题："现在，我们也从言灵开始阐述。究竟问题是什么？向什么发问？说服与说明为何物？接下来的问题是：直言的可能性为何物？何谓讽刺？这种先后顺序的逻辑能够被理解吗？"但是，包括这种发问在内的、保田阐述"诗"之成立的诗性语言，阻碍着我们的分析性理解。其文章似乎仅仅是强迫我们在两者——由赞同而生的重复或者由厌恶而生的拒绝这两者——之间做出选择。保田的论述在任何时候都仅仅是其中的一种。不过，在这里，我还是勉强通过我个人的理解，尝试解读式地介入保田的文章。所谓"解读式"，即一边"分解"一边"阅读"的形式。保田在此讲述了日本武尊的悲剧。日本武尊的悲剧是什么？

> 武尊做当做之事，哀其当哀，悲其当悲，因此憧憬那作为秉性的、美丽徒劳的永久，总是见未竟之事且为其所迫。那是品质优良者的宿命。故因言获罪。但武尊为诗人，

---

① 富士谷御杖（1768—1823），江户后期的国学家、歌人。以"言灵哲学"为基础的语言论、日本古代典籍研究影响最大。——译注
② 这里的"倒言"是日本古代语言观念中的重要概念，与"言灵"一词直接相关。"倒"念第四声，意思是"颠倒""相反""倒过来"。——译注

因此那悲剧是有意义的。确实，武尊蔑视那种近似于战后土地上的凯旋之类的东西。①

巡幸至伊吹山的武尊，在山脚遇见白色野猪。武尊悍言曰："变成这头白野猪的，是那神的使者哟！现在我不杀它，但是回来的时候要杀。"（《古事记·中》）所谓"悍言"，即面对应当忌惮之事却形诸词语、言之于外。就是说，武尊面对神灵说了本来不该说的话。这里存在着初次面对神灵、坦诚直言的武人日本武尊的悲剧。所谓悲剧，即告741神灵的武人日本武尊不得不承担的命运。保田写道："面对这位神典时代最后的英雄，今天的我们去发现人与诗，发现了那与神分离的时代，以及其中包含的混沌归宿中的悲剧的最初场所。"保田用那种顺序的逻辑首先提出的"究竟问题是什么？"，即与神告别的人面对神大胆提出的问题，亦即"悍言"。"你是神吗？"——人直接提出了问题。那直接的提问，导致了神的复仇行动。人的悲剧始于与神的别离。人从神那里的别离，亦即人（人力）从自然的分离。即"道"作为人之道从自然之中分离。宣长说的是在上代只存在着自然之道（《直毗灵》）。所谓从神与自然分离之后的道，已非自然的秩序（自然生成之道）。那是人为的政治秩序，是构成那种秩序的逻辑。人为的秩序即由人的语言所构成的秩序。那种秩序的语言，即必须是对人进行说服的暴力性语言。这样一来，与神和自然分离之后的人的语言，即构成对人的复仇。所谓日本武尊终其一生都不得不承担的悲剧，就是宣告神人分离时代开始的英雄的悲剧。

---

① 保田与重郎：《桂冠诗人中的一位》。

不过，日本武尊的悲剧行程也是留下许多诗篇的旅程。因为武尊将自己一生承受的悲哀表现于诗歌。诗歌即人告别了神与自然之后的悲哀与叹息。英雄日本武尊，同时也是往昔的"桂冠诗人中的一位"。但是，在神人共处的时代，人绝不会对神直言。因为人的直言这种暴力将招致神的复仇。神仅仅存在于人的"倒言"之中。这样说来，人所吟咏的诗歌，大概就是对神人共生世界的"倒言"进行再生产之物。所谓"诗"，即作为对这种"倒言"进行再生产者的表现行为成立于此。生活在神人分离的悲剧之中的日本武尊，将其悲哀作为"诗"留给了我们。所谓"诗"，即"倒言"，即反语（讽刺）。那是神人分离之后的自我叹息，同时也是自我对于神人共生之本源的回想。所谓"诗"，在其成立之初就是反语性的，本质上是浪漫的。

四　昭和的文学性反叛

通过日本武尊的传说来解释"诗"的形成——保田的这种文学性、美学性工作的内在动力，是对于闭塞的日本政治现状的强烈抵制意识。一方面是对于日本现状与现存文化、知识体系的批判与拒绝，另一方面是对于原初日本的美学性的迷恋与追忆。这两种态度作为浪漫派特有之物，决定着其日本古典解读话语的品格。正因为如此，保田对日本古文献的解读才必须在不停地重提宣长国学——作为我们日本汉文化知识体系根本批判者的宣长国学——的过程中进行。

第四章 诗改变世界秩序

问题是,日本的上代是自然并且怀有素直之心吗?上代究竟是什么?古人宣长的那些愿望,并非简单的原始复兴,而是一个复兴之上的、意味着指向文化变革的、坚定决心的表现。看到现代的堕落,继而对现代进行批判、揭露,这样在上代看到了"自然"。同室共居的思想、血统感的纯粹性,而且,世间即使存在着优雅,装饰也是不必要的。①

批判现代、主张对现存占统治地位的文化进行根本变革的国学家宣长,通过保田这位生活在昭和时期的文化批判者被重新发现。保田围绕宣长发表的这些言论,可以原封不动地反过来用在保田本人身上。保田是说:宣长走向上古"自然"的愿望,也就是针对作为汉政治文化体系而存在的后世日本进行文化革命的决心。宣长的"自然"在保田这里即为"诗"。保田在日本历史典籍中对"诗"的发现,也同样表达了对昭和日本所陷困境进行根本性文化革命的决心。

诗与歌皆为人之叹息。就是说,对于闭塞的日本的叹息,现在必须作为文学运动用"诗"性原理进行编织。这里,我们有必要再一次看看前文已经引用的、保田叙述日本浪漫派文学运动成因的那段话——

> 当时的国家状态,颓废到了仅靠"运用身体的诗歌表现"难以拯救的状态。而且,那种表现并非通过风靡一时

---

① 保田与重郎:《桂冠诗人中的一位》。

的社会主义思潮来进行，而是通过日本主义者的诗性挺身来进行。此时文学方面的新运动，从所谓的"日本浪漫派"发表宣言拉开了序幕。

这里潜存着基于"诗"性原理、作为文学反叛的日本浪漫派的宣言。发动了"运用身体的诗歌表现"这一昭和军事叛乱的是青年军官们。那是一场曾被称作"昭和维新"的军事叛乱。所谓昭和维新，乃当时在呼唤明治维新的同时所进行的、对先进国家日本进行革新的要求。明治维新曾经是为了后进日本的国家建设而进行的革新，与其相对，昭和维新是日本——已经成为应被看作世界国家的日本——的国家再生式变革要求。在不停地重提国粹性原理的过程中展开的昭和维新运动，乃世界性的日本即帝国日本的革新行动——这一点不可忽视。保田旁观着这场被称作"运用身体的诗歌表现"的军事叛乱及其挫折，同时发表了立足于纯粹的"诗"性原理的反叛即文学反叛的宣言。保田等人的反叛确实不是从世界性国家日本的国粹性原理出发的军事叛乱，但这是从国粹性文学原理出发的文学反叛。因此，保田使用前文已经引用的语言，接着上面的那段话这样说：

就是说，日本浪漫派的运动，是起源于对正在崩溃的日本体系发出的叹息。所以，即使是在今天，同样立足于真正的国粹立场、在我国文艺真正存在之处思考文艺问题、投身于承载着千古悲愿的文艺的，就是这一派的人们。我认为，为了战胜对于时代的绝望而发现了文艺在我国的理想形态，是这一派的最大价值。①

就是说，对现代日本的政治性、文化性体系感到绝望的青年们，抵抗这种绝望以求生存的合理状态，就是基于国粹的"诗"性原理而进行的反叛，即日本浪漫派的文学运动。不过，如同青年军官的军事叛乱是以对世界性国家日本进行国粹式重建为目标的行动，保田们的文学性反叛也是追求世界性国家日本的国粹式再生的文学运动。昭和日本的民族主义，与追求世界秩序之亚细亚式重建的日本帝国，共有着对于那个世界的理想。昭和日本的国粹主义，乃昭和这一世界史之时代的国粹主义。保田从吾国古代典籍中找到的"诗"性原理，也是改革世界秩序的原理。保田在《桂冠诗人中的一位》的"绪言"中说"由英雄与诗人描述的、我们的历史与民族的日本之美的理想，恰恰在今天，才是我们的少男少女们必须怀有的"，继而说了下面这段话：

> 在今天的世界上，唯一浪漫之物，拥有理念之物，尚未成形之物，改变世界秩序之物，以混沌的原始为寄托之物——这些只聚集于日本。而且，大概日本第一次经历了浪漫时代，亚洲将恢复往日的荣光。

这里，所谓"浪漫之物""拥有理念之物"等说法表达的，在保田这里即"诗性之物"一语的弦外音。保田在我们日本古代典籍中发现的所谓"诗"的原理，也是"改变世界秩序之物"。但是，

---

① 保田与重郎：《我国的浪漫主义之概观》。着重号为引用者所加。

何以如此？——即使我们提出这样的问题，保田也不会将超出这些词汇的表达作为答案给予我们。在这里，我们只有认真审视他在昭和十三年（1938）的日本用文学式反叛的诗性语言所展开的战略。如果我们仔细思考这些词句，大概就能知道它们意外而又真实地传达了在日华事变［"七七事变"］发生的第一个年头里这位日本诗人的心境。那与保田在"蒙疆"的旅途中说的一句话直接联系在一起——"行走于我浪漫日本正在开拓的、创造新世纪的世界交通之路，这是品味感动与光荣之旅"。①

五 自然主义为何被否定？

那么，被保田等日本浪漫派的青年们所拒绝的既存的日本的文化-知识体系是什么？针对尽管是从明治日本的文明开化中产生的"嫡子"、却已显露出终结性堕落形态的文明日本的整个文化-知识体系，保田明确使用"殖民地性"一语进行概括并展开了批判——保田走到这一步，是在日华事变［"七七事变"］切实地向世界战争转换的昭和十六年（1941）这个时间点。不过，形成期的日本浪漫派的文学运动首先要否定的，是日本近代的自然主义文学及其运动。自然主义是为何、怎样被保田们否定的？保田在《现代的终结》中所展开的否定自然主义话语，采取了对浪漫派文学运动形

---

① 保田《蒙疆》（生活社，1938）记述的旅行，始于昭和十三年（1938）五月二日，约四十天，是从朝鲜到满洲、从北京到蒙古的旅程。《桂冠诗人中的一位》"绪言"中亦记有："在过去的晚春至初夏前往大陆进行了蒙古之旅的我，再一次感动于对于召唤改变这个世界的曙光的记忆。"

成期进行回顾的形式。① 不过，通过这种回顾，"为何自然主义被否定？"这一保田自身未必明白、对于后来的我们来说更为难以理解的实际问题，被用能够理解的方式重新讲述：

> 自然主义是立足于战后（日俄战争的战后——引用者注）的人心所向，进而，一种对于生活规模的修养性反省成为原因。那是将国民的日常生活置于世界范围进行反省的一种体现。……自然主义被认为主要是受到法国19世纪作家的影响，（明治）二十年代的文学虽然一直打着日本主义的旗号却反而呈现出文明开化式的现代的感觉形态。与此相反，自然主义一方，毋宁说是将其文学的基础置于日本的半封建式生活的残留之上。就是说，由引领宏大的国民理想，转换为以展现生活的悲哀与黑暗为基本内容。（《我国的浪漫主义概观》）

> 不言而喻，自然主义是由日俄战争的不完全胜利引发的运动，但是，运动用那种事实，将为了国家的荣光而展开的运动转化为对于悲惨的确认。……正因为自然主义的文化感觉曾经是骚动事件的知识分子式表现，所以才陷入了日益悲惨的自我追究。如果在文化层面对其进行表述，就是在对后进国家日本进行确认的过程中品味着从容，而

---

① 《现代的终结》所收《我国的浪漫主义之概观》一文后面注明的写作时间为昭和十五年（1940）八月。另，《为了否定自然主义文化感觉》一文的写作时间为昭和十六年（1941）六月。

在回应、抵制日本社会的欧美文化殖民地化的过程中，也或多或少地品味了自我虐待的满足。(《为了否定自然主义文化感觉》)①

这是以日俄战争之后自然主义文学在日本的形成为中心的、十分耐人寻味的记述。如果沿用这位保田的理解方法，那么自然主义文学形成的基础，就是日本马克思主义者所谓讲座派视野中的日本近代社会，即被用半封建性质发现了其特殊性的日本近代社会。所谓自然主义派的文学，就是对这种半封建性社会结构所生产的日本式悲惨进行所谓自我确认的文学——这是保田要说的。这样一来，所谓自然主义即成为后进国家日本借助文学性的确认获取安心感的那种自虐式、自我满足式文学态度。进而，保田将这种自然主义性质的文学运动置于日俄战争之后的日本社会之中进行定位。保田说自然主义者是将该战后社会作为确认那种取代国家之荣光的、日本式悲惨的"场"。所谓日俄战争的"战后"，是指从日比谷骚乱（1905年）经足尾暴动（1907年）至大逆事件（1910年）的、应当被称作明治国家之荣光末期的时代，同时那又是成为20世纪起点的时代。大逆事件发生的1910年，即朝鲜被日本帝国合并之年。保田说，日本帝国国内作为事实存在的这种社会性悲惨，确实是被自然主义作为自己的文学形成的基础。这个日本帝国，被共产国际

---

① 这段引文中的"骚动事件"当指明治三十八年（1905）九月五日东京发生的骚乱。当日，头山满、河野广中等国家主义者在东京日比谷公园组织民众大会，反对日本与俄国签订的《朴茨茅斯讲和条约》。与会民众暴动，袭击了警察局、内务部、报社。政府次日发布戒严令。下文的"日比谷骚乱"，亦指此次事件。——译注

定性为建立在半封建土地所有制基础上的天皇制国家——即停滞于东洋封建遗留制度的后进资本主义国家。现在，我在这里并非将共产国际1932年提出的命题作为笑谈来引用，而是因为保田们的浪漫主义性质的文学反叛试图颠覆这一命题。阐述东洋式停滞与专制王国的并非仅仅是黑格尔，共产国际亦同样如此。

保田认为，将日本式悲惨作为其形成基础的自然主义文学，在现代日本生产出一种自然主义性质的文化感觉。曰：

> 这种自然主义性质的文化感觉，在从日本的现状之中看到一种质朴这一点上，对于日本的文化来说是悲惨的。几乎百分之九十九的青年，面对即使是在民俗反省层面上也展示这种质朴伪装的自然主义，也感受着战后人心的知识分子式反应，未能置身于那种压力之外。
>
> 即使是在成为空前的潮流、将"世界"这种思考方法作为手边物的马列主义运动中，那场运动也未能从投身其中的青年那里扫除自然主义。(《为了否定自然主义文化感觉》)

这里被保田批判的，是20世纪日本人——甚至将半封建日本社会这种后进国家规定性作为自己的东西、即作为自我认识或者自我限定的20世纪日本人——的文化感觉或民族精神。那是被保田们作为仅仅确认后进社会的悲惨并获得自我满足的精神性、知识性消沉来把握的。始于昭和恐慌、让人无可奈何的1930年代日本社会的青年们，首先高举浪漫主义旗帜，展开了对自然主义的进攻。他们是试图夺回日本——从自然主义不停地将日本式的悲惨进行庸俗主义式再生这种文化再生产周期中夺回。就是说，高贵的古典日本必须和作为他们文学反叛之原理、之方法的"诗"一起被再发现。

我将日本浪漫派文学运动的成因作为昭和日本的"诗"性反叛进行重新梳理的工作，到此暂且告一段落。最后再一次引用保田的话：

> 就是说，日本浪漫派的运动，正是从对于崩溃状态的日本体系的叹息开始的。所以，即使是在今天也立足于真正的国粹立场、在我国文艺真正存在之处思考文艺问题、投身于承载着千古悲愿的文艺的，就是这一派的人们。我认为，为了战胜对于时代的绝望而发现了文艺在我国的理想形态，是这一派的最大价值。

不过，这里还想作为"附记"做如下说明。保田与重郎的浪漫派话语伴随着"大东亚战争"失去了文学性的反语性质，开始与发动战争的"浪漫的"国家一体化。保田是主张"同时确保了破坏与建设的、自由日本的讽刺"（《我国的浪漫主义概观》），但当文学性主体被与从事破坏或建设的"浪漫的"战争国家一体化的时候，保田的话语之中的任何地方都不存在"自由日本的讽刺"。与其说保田是使作为"日本的讽刺"的反语性日本话语（日本是日本而非日本）的存在形态获得了再生，毋宁说他是在战败后的话语之中第一次展示了那种话语。因为，日本的战败使日本成为只有作为"反语"才能讲述之物。与竹内好那种作为反语的亚洲主义式的话语相重叠的，是战败后保田的反语性日本主义话语。例如："在亚洲或者日本，进行现代的生活是否可能？对该问题平静地回答'可能'并试图实践者，那时候在何种道义上犯了罪？这有反省的必要。"——这种话是竹内所言还是保田所言大概难以区分。这是保田在《农村记》（昭和二十四年①）中所言。我必须再写一篇《作为反语的日本——保田与重郎的战时与战后》——这是我想在这篇附记中说明的。

---

① 保田与重郎：《农村记》，收入《为日本祈祷》，祖国社1950年出版。

第五章
东亚与"日本式和平"的构思
——"帝国之希求在于东亚之永久安定"

> 成为应当带来东亚终极和平的"东亚新秩序"的牺牲品,无疑是这些人的希望所在。
> ——尾崎秀实《"东亚协同体"的理念与其形成的客观基础》

> 输出和平必然意味着战争。
> ——伊凡·伊里奇《和平乃人之生活方式》①

一 "新秩序"声明与"协同体"理论

新明正道在论述"东亚协同体论"之动向的文章②的开头,说"看到东亚协同体论登上舆论舞台是在去年秋天至冬天"。新明撰写此文是在昭和十四年(1939),因此他等于说"东亚协同体论"在日本舆论界登场是在前一年即昭和十三年(1938)的秋天至冬天。关于"东亚协同体"这一理论的形成,我之所以这样按照新明指出的事实开始阐述,并不是为了确认该理论的发明权在于哪一位的哪

---

① 伊凡·伊里奇(Ivan Illich),奥地利学者,生平、著述待考。——译注
② 新明正道:《东亚协同体论之动向》。此文即《东亚协同体论之理想》(日本青年外交协会出版部1939年出版)一书的第八章。

一篇论文，而是因为我想说：被东亚时局——直接说就是发生在中国、被称为"支那事变"的战争的爆发——及其推移所决定的"东亚协同体论"，显然有其特定的形成时期。这个时期即如新明所言，乃昭和十三年（1938）的秋天至冬天。那既非事变发生的昭和十二年（1937）秋天亦非同年冬天，而是事变发生之后经过了一年的时候。

昭和十三年（1938）十一月三日，"东亚新秩序"声明——即近卫内阁以处理"事变"为核心内容的第二次声明——发表。声明称："帝国之希求，在于建设应当确保东亚永久安定的新秩序"。这样阐明了唯有建设应当带来东亚终极性安定与和平的新秩序，才是发生在中国的日本战争行为的真正目的。那份声明进而对中国国民与国民政府发出呼吁，曰："帝国期待支那国民充分理解我们的真意，在此基础上与帝国协作。［你们］本为国民政府，所以，放弃原来的指导政策，改组人事安排，完成更生的实绩，参加新秩序的建设，在这方面，没有理由拒绝。"① 而且，这份第二次声明之后，近卫首相又在同年12月22日发表了第三次声明。声明说："如果弄清日本不惜调动大军的真意，那么，日本要求于支那的并非区区领土亦非战费的赔偿这一点就是不言自明的。实际上，日本要求的是支那在发挥作为新秩序建设分担者的职能方面的必要的、最低限度的保障。"声明还说日本军事行动的目的并非为了所谓统治领土，"日本尊重支那的主权，这是不言而喻的，日本从完成支那独立的必要性出发，主动废除了治外法权，并且，对于归还租界也慷慨地进行积极的考虑"，云云。"东亚协同体论"的形成，无论是在时间

---

① 据《昭和史手册》，平凡社1983年出版。

方面还是在内容方面,均与近卫的第二、第三次声明密不可分。

指出"东亚协同体论"的形成时期乃昭和十三年(1938)秋天至冬天的新明正道,当然也对该理论与"东亚新秩序"声明之间的密切关系进行了表述。"'东亚协同体论'的主旨,与去年冬天的近卫声明在内容方面相一致。……努力为'东亚协同体论'提供理论基础的,不外乎该声明公布的新秩序的组织。"这样,新明指出了存在于'东亚协同体论'与"东亚新秩序"声明之间的、超越于形成时间问题之上的重要内在关联。确实,明确宣告'东亚协同体论'在理论上成立的论文,即蜡山政道的《东亚协同体之理论》与三木清的《东亚思想之根据》。前者发表于《改造》杂志昭和十三年(1938)十一月号,后者则发表于同刊同年的十二月号。如果我们还记得蜡山与三木均为近卫首相的智囊组织昭和研究会的骨干,那么,声明与理论之间则确实存在着新明所说的那种"协同体"论为"新秩序"论提供理论基础并对其进行阐述的关系。将发生在中国大陆的日本的军事行动说成是为了东亚的永久和平的"东亚新秩序"声明,与支持那声明并进行理论阐述的"东亚协同体"论——我这样在确认二者之结构关系的过程中努力思考的问题,就是昭和知识人对于发生在中国、被称为"事变"的战争进行理论参与这一事实的含义。发生在中国的战争被他们赋予了怎样的意义?

二 "昭和十三年"这一年

东亚协同体论是在昭和十三年(1938)秋天至冬天被提出,这一点已如上文所述。不过,在事变发生第二年的昭和十三年,时局是怎样的?昭和十二年(1937)十二月十三日,日军攻占南京。这场伴随着大屠杀的占领行动，也是表明日本军队完全缺乏军事战略与中央统帅能力的行动——我们明白这一点是到了战后。占领南京行动，彻底地将一直作为和平谈判对象的蒋介石国民党政府逼到了抗日一方。然而，当时的日本人得到南京陷落的消息后却欢呼雀跃，挑着灯笼拥到街上游行，表达自己的喜悦。那是我本人幼年时代对于事变的最初体验。德国驻华大使陶德曼的和平工作就这样归于失败。翌年即昭和十三年（1938）一月十六日，日本政府发布通告即近卫声明，宣布终止该项和平工作，称"此后不以国民政府为对手，期待着真正与帝国合作的新兴支那政权建立与发展"。十五年战争史研究者大杉一雄认为这份第一次近卫声明成了日中战争不可逆转的转折点。他说：

> 就这样，日本丧失了在早期终止日中战争的最后机会。其后，日本在进一步扩大战线的同时，努力在占领区建立傀儡政权，但无疑是归于失败，日中战争陷入泥潭，扩大为悲剧性的全面战争。就是说，向蒋介石发出绝交信的这个1月16日，是日中战争走上不归路的转折点。①

南京并非日本国民、日军士兵期待的战争终点。中国的战线进一步扩大了。从军作家石川达三在小说《武汉作战》②中这样写

---

① 大杉一雄：《日中十五年战争史》，中公新书，中央公论社1996年出版。
② 石川达三：《武汉作战——作为战史之一部分》，《改造》昭和十四年（1939）新年号。译者说明：石川达三（1905—1985），现代日本小说家，1935年以长篇小说《苍茫》获首届芥川文学奖。1938年发表的中篇小说《活着的士兵》取材于日军的占领南京，拓展了日本战争文学的领域。

道:"驻扎在南京的日本兵,到和平交涉归于失败为止,已经休息了一个多月,感到无聊,现在必须重新捆起行装、打起绑腿,投入第二阶段的战斗。奔赴徐州!"刊载石川这篇从军小说的,是《改造》杂志昭和十四年(1939)新年号。在该期上,尾崎秀实的《"东亚协同体"的理念与其形成的客观基础》作为头篇论文刊登出来。这些都是有关"东亚协同体"理论形成过程的实际证明材料。日军占领武汉三镇是在昭和十三年(1938)十月二十七日。六天后的11月3日近卫发表了"东亚新秩序"声明。而且,汪精卫从重庆出逃、到达河内,是在那一年即将结束的12月20日。两天后的22日,近卫发表了赞扬"和平三原则"的第三次声明。而且,《改造》杂志昭和十三年(1938)十月号刊载的毛泽东《论持久战》[①]这篇讲演在延安发表,是在那一年的5月26日至6月3日。应当顺便说明的是,日本的陆军中央指挥部终止进攻作战、转入战略性持久对峙,是在那一年的12月6日。"东亚协同体论"就是在处于这种时局中的这个昭和十三年(1938)的秋天至冬天出笼的。

昭和十三年(1938)的"东亚新秩序"声明与"东亚协同体"理论发表之前的这个时间过程——如果从战争在中国的展开这个角度来说即占领南京到占领武汉这个过程,这一过程对于拟定声明或理论的当事人来说意味着什么?尾崎秀实在上文提到的以"东亚协同体论"的形成为中心的那篇论文的第一章这样说:"在事变开始之际自不待言,大概在南京陷落、徐州会战之际,这种表述还

[①] 关于《改造》杂志发表《论持久战》,本书第二章第三节《存在于中国的战争事实》已经论及。

未能成为现实问题。"① 日军大本营发布徐州作战命令是在昭和十三年（1938）四月七日。而设立大本营是在即将占领南京的昭和十二年（1937）十一月二十日。② "东亚协同体论"的形成，或者该理论的现实化，是按照事变的具体过程推进的。这意味着什么？尾崎将该过程看作"对支那的民族问题进行再认识"所需要的时间。不过，尾崎说该民族问题并非被视为静态的问题，而是动态的民族问题——毋宁说是应当称之为当今中国"民族动向"的问题。如果说民族问题就是"民族动向"问题，那么，该问题确实就是因日本人称作"支那事变"的战争而在中国被凸显出来、被制造出来的问题。尾崎这样说：

> 经济能力低下、政治体制不完备、军队软弱无力的支那，直到今天依然在顽强地战斗着。其奥秘实际在于该民族问题。这并非单纯地就国家规模而言。成为问题的游击战的战士不言而喻，包括对于一切政治势力采取不合作态度、好像是仅仅以土地为对象而劳作的农夫，乃至街头流浪少年在内，该问题以各种不同的形式贯穿其中。

进而，尾崎继续阐述道：日本并不希望以中国民众为敌进行作战，而是以"打击顽固地坚持错误政策的国民政府"为目的作

---

① 尾崎秀实：《"东亚协同体"的理念与其成立的客观基础》，《改造》昭和十四年（1939）新年号。
② 直属天皇、指挥战争的统帅总部大本营也在事变中设立，修改了条例，设立是在昭和十二年（1937）十一月二十日。

战至今,但是,"支那方面从一开始就是将其作为决定国运的民族战争来认识并展开行动的"。尾崎是说,这场事变中存在着为国运而战的中国与中国民众。日本人正视中国的这种"民族动向"、重新认识其重要性所需要的时间,就是从事变爆发至徐州会战的这段时间。这段时间,即事变呈现出全面战争状态、战争的质与量均发生重大变化的过程。已经是战争!如前所述,日本军部掌握了统帅权,大本营已经设立。"支那事变"作为真正的"日中战争"而持续进行,在中国大范围催生了作为抗战主体的民族与民族意识。所以,前引石川达三的小说《武汉作战》是这样开头的:"为了制止蒋介石的抗日容共政策,日本政府用尽了全部外交手段,并支出了大量经费,结果却未能获得任何效益。支那争分夺秒地进行抗战准备,民众的团结更加紧密。那是战争必将发生的状态。"对于从军作家石川达三来说,所谓发生在中国的"事变",即以抗战主体在民众层面正在形成的蒋介石政府为对手的"战争",其第二阶段被认为是从此时开始的。

昭和十二年(1937)七月七日,在卢沟桥的枪声中爆发的"支那事变",一边在中国制造了更为坚实的民族抗战主体,一边作为全面的"日中战争"而展开。昭和十三年(1938)这一年,就是发生于中国的战争、中国人民族意识的强化这两大问题同时摆在日本人面前的年头。

三 何谓"新秩序"?

尾崎曾经说:对于"东亚协同体论"的形成而言,重新认识中国的民族问题是必要的。所谓给予"支那事变"的趋向以决定性影响的民族问题的出现，同时也清楚地宣告"事变"已经成为战争。就是说，在中国，当时已经存在着民族抗战主体——日本的事变式对应方法远远无法对应的民族抗战主体。确实，对于日本来说，中国的事变也已经成为必须调动二十四个师共一百万陆军地面兵力的、前所未有的大战。恰恰是事变已经转化为战争这种事态，对"东亚新秩序"声明与"东亚协同体"理论提出了要求。正是战争本身对秩序与安定的理论提出了要求。

蜡山政道在昭和十三年（1938）十一月号《改造》上发表了《东亚协同体之理论》，同月也在《文艺春秋》上发表了《事变处理与大陆经营之要诀》。他在后文中就"事变处理"论述道："事变处理"要"归结于这样的根本方针——即从根本上改正《九国条约》的错误，由此提出基于新原理的新政策"。[①] 国际政治学家蜡山是说：处理"支那事变"的政策，必须是基于新原理——作为对规定了尊重中国主权、机会均等、中国"门户开放"的华盛顿《九国条约》（1922）的错误进行改正的新原理——的政策。但是，日本已经拒绝参加 1937 年 11 月在布鲁塞尔召开的讨论"支那事变"的会议，撕毁了《九国条约》。由此说来，蜡山所谓改正《九国条约》的错误之类，可谓马后炮式的、无的放矢的言论。不过，蜡山说的是，修改"一战"之后统治这个世界、被称作"凡尔赛·华盛顿体制"的世界秩序及其原理，恰恰是现在所必需的。就是说，"支那事变"的处理，必须通过对现存世界秩序的建构原理进行修改的新原理与由该新原理构成的世界"新秩序"来进行。

---

① 蜡山政道：《事变处理与大陆经营之要诀》，《文艺春秋》昭和十三年（1938）十一月号。

必须用新的世界原理与由该原理建构的世界"新秩序"来处理的对象，已经不是"事变"，而是"战争"，并且是"世界战争"。对于昭和十三年（1938）日本的那种声明与理论来说，蜡山所具有的意义在于：将"支那事变"置于"世界战争"这一国际性脉络之中来把握，进而阐述将"事变处理"原则作为基于世界新原理的"新秩序"构想而提出的必要性。不言而喻，他所谓的"事变处理"方针并非使事变终结的方针。蜡山本人也说：应当认识到，事变并非通过攻占武汉三镇而结束，不如说是因此进入了新阶段，即其所谓"今天战局扩大到了武汉三镇，无论是在时间上还是在空间上，'支那事变'的结构都全面地呈现出来。因此，不再怀有短时间内、几个人能够简单终止事变那种没有根据的想法，同时也认识到，对于事变目的、事变处理方式等，必须有明确的认识并做好心理准备"。蜡山在这里说的是，事变已经成为并非仅通过"事变处理"所能对应之物。即事变应当放在世界"新秩序"的建设方案之中来处理，事变呈现出了世界战争的东亚局面这种性质或结构。所谓"新秩序"，正是在与这种世界战争的东亚局面所呈现的结构的相对应之中被构思出来的。在那一年之后，蜡山结合已经开始的欧洲大战，分析"东亚与世界的结构性关联"，撰写了《世界新秩序之展望》。[1] 从与欧洲新局势造成的结构性原因的关联出发，蜡山指出

---

[1] 蜡山政道：《世界新秩序之展望——以东亚协同体为序曲》，《改造》昭和十四年（1939）十一月号。下面引文中的着重号为引用者所加。这篇论文具有对昭和十三年形成的"东亚协同体论"进行事后性论述的性质，不过，作为分析日本的"东亚新秩序"构想乃与欧洲新局势具有结构性关联之物，将"新秩序"的结构本质置于与世界史的关联之中重新解说的论文，具有参考价值。

"成为新秩序核心的问题,分为两个侧面":其一,是"调整对特定地域持不同态度或保持不同关系的帝国主义各国的要求或法则";其二,是"对于那特定地域的民族国家的要求或期待的存在"。如果回到东亚这一特定区域的具体问题来说,那么,第一,面对中国时,帝国主义各国的关系,用机会均等这种均一性的关系来规定是否可以?即主张,对于中国而言,具有地缘政治学意义上的特殊临近性的后进帝国主义国家日本,应当与英美国家区别开来。第二,中国的民族主义已经达到了建设独立民族国家的阶段。这样的中国不能用既定的、以列强为中心的世界秩序(华盛顿体制)来对待。但是,这第一个侧面之中存在着内部的对立,而且,两个侧面之间存在着更大的对立。尽管如此,所谓的东亚"新秩序",却是拥有此二者的、新的东亚地域的体制。

　　不过,将这两个侧面作为同一新秩序来解决,不外乎通过斗争同时调和两方面的要求。换言之,就是将既不无视民族的要求而又允许已经到达帝国主义阶段的国家在国外发展的新体制称作新秩序。

文章清晰地将"新秩序"构思包含的矛盾、将试图把那种构思作为一种体制强加给对方的帝国主义国家的自私展示出来。——这种文章我此前未曾读过,因而即使在这种意义上,蜡山的这篇文章也是"珍贵"的。构成"新秩序"的两个侧面是矛盾、对立的。所以,为了将二者整合为同一个新体制,"不外乎通过斗争同时调停"。由帝国进行的对于安定秩序的提倡,即一边举剑威胁、一边倡导和平。这并非只是昭和十三年(1938)的日本帝国的情形,21世纪的帝国同样如此。不过，新秩序的要求之所以被提出，是因为其中存在着通过旧秩序无法处理的契机。那是后进国的民族主义要求。那也正是给帝国主义国家间的调停秩序与现存的国家关系划定界线并进行否定的国际契机。

"东亚新秩序"，即帝国主义国家日本第一次面对中国民族主义提出的旨在维护东亚地区安全秩序的政治方案。

四 "日本式和平"的构思

最近，我因研究需要而阅读伊凡·伊里奇的著作。这是因为有将琉球问题与伊凡·伊里奇的开发论结合起来思考的必要。伊凡指出：由先进国家推进的开发，对于被强加了开发的低开发国家的居民而言，〔其结果〕仅仅是自己的生活及其生活环境的荒废。不过，伊凡的开发论所具有的重要性，在于将和平同样作为大国的对外政策来认识——就像开发乃先进大国所推行的对外政策一样。和平的秩序也是先进大国强制性地建立的。就像强制推行的开发会造成荒废一样，强制性的和平即意味着战争。伊凡在1980年召开于横滨的亚洲和平国际会议上的讲演中，首先提出了和平研究的基本原理。那原理就是："战争中存在着将一切文化同一化的倾向，而和平具有使诸种文化用独自的、其他文化无法比较的方法开花结果的可能性。"伊凡说从该原理中引申出的是下面的结论：

> 和平并非能够输出之物。被移动的和平终将陷于失败。

第五章　东亚与"日本式和平"的构思

输出和平必然意味着战争。①

对于我来说此语具有冲击性。所谓和平即各地的居民能够安稳平静地生活。那并非能够输出或者强制的生存状态。然而，和平却被输出了。被输出的和平即所谓"帝国之和平"。那是背后存在着战争的和平。这是我第一次深刻地意识到被强加的和平即战争。伊凡的"帝国之和平即战争"这一界定，促使我重读现在正在进行的"昭和意识形态批判"这一昭和史——更为深入的重读。现在，在这里，我就是从这种"帝国之和平"论的视角出发，重读昭和日本提出的"东亚新秩序"这一东亚的永久和平方案。

昭和十三年（1938）十一月三日，近卫首相对抗战中的中国国民政府和国民发表了所谓"帝国之希求，在于建设应当确保东亚永久安定的新秩序"的"东亚新秩序"声明（着重号为引用者所加）。与此同时，承担在理论层面支持该"新秩序"声明并进行阐释这种职能的蜡山政道，视此次事变为"圣战"，并将"圣战"意义解释为："具有力图在东亚建设新秩序的道义目的。换言之，是为了使东洋的永久和平成为可能，并为之提供保障。"（《东亚协同体之理论》②）其所谓"东亚新秩序"，就是日本帝国所推行的东亚地域的和平方案，即"日本式和平"的构想。而且，这份方案是面向中国、为了要求中国接受而提出的。在中国发生的所谓"事变"的这场战争之所以是"圣战"，是因为它是实现东亚安定秩序与永久和

---

① 伊凡·伊里奇：《和平即人的生活方式》。シャドウ・ワーク（shadow work）同时代 library，岩波书店 1990 年出版。
② 蜡山政道：《东亚协同体之理论》。引文中的着重号为引用者所加。

平的行动。当在中国爆发的"事变"演变为以民族抗战主体为对象的战争的时候，帝国的战争即对帝国的和平方案提出要求。作为目的的和平将战争作为"圣战"正当化。同时，那和平方案也必须是在新的秩序之中对抗战对手进行定位、吸收的新体制的建设方案。因此，"东亚新秩序"这一"日本式和平"方案，必须被作为"东亚协同体"这一东亚各民族协和的新体制进行阐述。

五　什么是他们的优先权？

在"日本式和平"的理论性填充工作即"东亚协同体论"的形成方面，以蜡山政道、三木清为首，众多知识人均曾参与，其中包括尾崎秀实、船山信一、三枝博音等人。① 这些被划归马列主义派之左翼的知识人参与该理论的建构，是因为该东亚新体制理论之中存在着对本国的帝国主义体制进行改革式讨论的余地。作为民族主义抗战主体正在自主性地形成过程之中的中国——在以这种中国为交战、交涉对象的地方被制造出来的东亚新体制，必须作为同样能够涵盖那种民族主义中国的协同体世界进行建构。日本如果不扬弃本国的帝国主义，在原理上即不能主导那种协同体世界。就像近卫首相已经声明的——帝国并不怀有对于"区区领土"的野心，试图主导东亚协同体的日本不能是帝国主义式的。三木等人试图参与"东亚协同体论"的建构并且最终能够参与，原因即在于此。

---

① 该时期的东亚新体制论之中存在着诸多分歧。这里，笔者是将昭和研究会系统的知识人阐述的"东亚协同体论"作为为近卫内阁的"东亚新秩序"提供理论基础并对其进行阐发的理论，置于中心位置进行思考。

东亚协同体在本质上乃即使是对于白种人也必须开放门户的协同体，只是不允许那种帝国主义式的入侵。以建设东亚协同体为目标的日本自身同样不能是帝国主义式的。尽管如此，帝国主义的问题即资本主义的问题。这样，东洋的统一这种空间性的问题与资本主义的解决这种时间性的问题必然地合二为一。(《东洋思想之根据》①)

三木是说日本在"东亚新秩序"这一东亚和平方案中"不能是帝国主义式的"。但是，该和平方案并非通过协商而制定。此乃日本帝国面向中国单方面提出的和平方案。所谓被强加的和平方案，从被强加一方来说即战争方案。因此，该方案的制定者本人声称"新秩序"只有通过战争才能实现。这样一来，三木们对该和平方案的参与意味着什么？三木在表达对于建设阶段的民族主义中国的思考的同时，又说："不过，获得民族统一的支那应当拥有怎样的新政治结构？这应当从东亚协同体这种新的角度考虑。这是因为在单纯民族主义的立场上东亚协同体的建设属于不可能。"（着重号为引用者所加）从这种表述来看，三木的"东亚协同体论"也显然是、并且只能是企图将中国包括在日本帝国之安定秩序之内的"帝国之和平（战争）"方案。尾崎秀实远比三木等人更为清醒地把握了该和平方案在现实的战争过程中所具有的意义，说："另外，在当前，对于努力进行民族抗争的支那，一手持《古兰经》、一手持

---

① 三木清：《东洋思想之根据》，发表于《改造》昭和十三年（1938）十二月号，引自《三木清全集》第十五卷所收者，岩波书店1967年出版。

剑这种形式的斗争大概是绝对无法避免的。"① 尾崎清醒地意识到，"东亚协同体论"是帝国的和平方案，同时也是战争方案。因此他也指出："应当知道，以在深层面解决民族问题这一目标为出发点的'东亚协同体'论，为了理论的推广与发展，将遭遇在某段时期内首先必须持续进行民族斗争的命运。"

　　三木等人在"东亚协同体论"之中的优先权究竟在何处？是在于论及帝国主义式体制的改革这种革新性吗？不过，如同从以上论述中能够看到的，三木等人的那种论述，不过是对"帝国之和平（战争）"方案的左翼性质的改写。毋宁说，他们的优先权就在于那一点，即在于他们是日本帝国对外和平方案的最初的理论改写者。——应当这样认为。正因为如此，在"东亚共同体"这一21世纪的新和平方案被现实性地论述的今天，我才时常记起三木等人最初提出的方案。

---

① 尾崎秀实：《"东亚协同体"的理念与其成立的客观基础》。出处同前。

第六章
何以如此感动于宣战?
——在"支那事变"与"大东亚战争"之间

> 大东亚的永久和平之路已经被帝国之剑所开辟。亚细亚之安定已经被置于不可动摇的基础之上。
>
> ——斋藤忠《共存共荣之原则》①

> 辉煌大东亚,生命的胎动发出最强音,那是今天向英美开战的炮声。
>
> ——八代香之惠(医院护士长、歌人)②

一 十二月八日

我和往常一样在旧书店搜寻昭和十年代的杂志书刊,看到了住谷悦治的《大东亚共荣圈殖民论》③这本书。著者的名字和那种将大东亚共荣圈作为殖民论来阐述的视角同时引起了我的注意,于是将书买下。

---

① 斋藤忠:《综论·共存共荣之路》,收入《大东亚共同宣言》,大日本言论报国会编,同盟通信社出版部1944年出版。
② 歌人即主要创作日本和歌的诗人。作者名字中的"香之惠"原文用日语平假名书写为"かのえ",译者根据日本人名中该发音常用的对应汉字译为"香之惠"。——译注
③ 住谷悦治:《大东亚共荣圈殖民论》,生活社1942年出版。

买回之后未能及时阅读，搁置了一段时间。在构思本书的过程中拿出来阅读，感到吃惊的同时也陷入沉思。因为那本书从第一页开始就充斥着抒发聆听《宣战大诏》时的激动心情的言辞。就该书的出版时间即昭和十七年（1942）而言，也许有人会说那种狂热抒情出现在当时是理所当然的。但是，住谷悦治作为吉野作造的弟子，作为战后日本民主主义与和平主义的大力倡导者，我们也熟知其名。得知这位住谷在听到对英美宣战的消息时也"诚惶诚恐不胜激动"并撰写了抒发激动心情的文章，我不得不再次陷入思考。我思考的问题是：对于日本人来说，昭和十六年（1941）十二月八日究竟意味着什么？

　　随着宣战大诏的发布，一亿国民的前进方向焕然明朗如天日，那里已经没有任何应当疑虑、徘徊之处。"满洲事变"发生以来的十年间，经过"支那事变"而看到大东亚黎明之曙光的我们日本人，现在聆听大诏，在新东亚诞生的光明之中，身心弥漫着疼痛程度的感动之情。

住谷在那本书的第一章《宣战大诏与大东亚建设之意义》中这样写道，并且在该章结尾处引录了三位歌人的二十余首和歌，声称选择的是"十分真实、坦率地表现了我们的感动之情，即使反复阅读也会产生新的感动的作品，满怀感动"地引录。这里转录其中的若干首：

　　忍耐复忍耐，忍耐到如今。聆听发自圣心之音，热泪滚滚
　　创造之战，我们挺身而出。大东亚终于，成为一体！
　　　　　　　　　　　——吉植庄亮（国会议员，歌人）

> 辉煌大东亚，生命的胎动发出最强音，那是今天向英美开战的炮声。
>
> 太平洋上，今日血潮奔涌，强劲的脉搏，鼓动民族之魂。
>
> ——八代香之惠（医院护士长，歌人）
>
> 南方的大海上，皇军劈波斩浪。富士雪峰，肖然耸立
>
> 皇军威猛进击，所向披靡，所到之处，ABCD一溃千里[①]
>
> ——南原繁（东京大学法学部教授，歌人）

每当皇国有大事，名之曰"歌人"者必然如此这般地吟咏。应当说这是日本歌人的宿命品格。但是，即使明白这种"宿命"，当我从住谷引录的和歌中看到南原繁的名字时，心中依然不禁产生了和看到该书著者住谷悦治的名字时产生的同样的感慨。十二月八日的宣战诏书，居然也给南原繁带来了这样深的感动——感动到了创作这种和歌的程度！不过，我在这里举出住谷、南原等人的名字，绝不是为了用他们战争时期的言行来与他们在战后日本民主主义大潮中的活跃作对比、出他们的洋相，而是为了说明十二月八日开战的报道曾经几乎将全体日本人置于大感动的潮水中这一事实。就是说，在感动于宣战这一点上，即使是战后日本民主主义、和平主义的引领者们也不例外。不过，十二月八日的什么使他们如此感动并使他们写下了这类和歌或文章？

---

① 这里的ABCD是与日本敌对的同盟国美（America）、英（Britain）、中（China）、荷（Olanda）四国的略称。——译注

二 感动表明了什么？

无论是住谷怀着对十二月八日开战的感动写下的语句，还是上面列举的那种歌人们同样因感动于宣战而吟唱的和歌，都宛如回声一般，是对宣战诏敕与政府声明之言辞的呼应。那并非上面引用的住谷、南原诸人的个别例证所呈现的。如果把十二月八日的宣战书带来的、包含了所有日本人的感动形诸文字、变成文章或诗歌，大概几乎全都是那样。珍珠港记忆给美国国民带来了支持对日作战的感情的统一，而十二月八日的宣战本身则将日本国民置于同一个巨大的感动旋涡之中。

如果十二月八日的宣战晚一周开始，那么"以德国为根据的开战论应当退后"——现代史学家藤村道生这样说。[①] 在1941年12月8日日军袭击珍珠港这一天，德军东部战线的部队尽管已经逼近莫斯科，却在暴风雪中开始撤退。据说，德国外交部部长冯·里宾特洛甫一开始并不相信日本攻击珍珠港的消息，认为那是敌方的阴谋性谣言。就是说，对于德国来说日军的这场攻击是不愿相信、不希望发生的事情。因为日本的进攻为美国到欧洲战线参战提供了正当理由。据说，丘吉尔和蒋介石则态度相反，因为日本的宣战相信自己能够取得最终胜利。藤村写道："讽刺的是，日本在珍珠港取得了辉煌战果，但恰恰是那战果决定了轴心国的失败。"

不言而喻，藤村的论断是一种事后多年的历史认识，是一种历史记述。在昭和十六年（1941）十二月八日的日本，大概没有什么人将日本袭击珍珠港与德军在德国东部战线的撤退结合起来思考世

[①] 藤村道生：《日本现代史》（世界现代史1），山川出版社1981年出版。

界大战的进程。不过，现在我们能够将二者结合起来进行思考。从将那些事件结合起来进行的事后性的历史认识之中，我们应当思考怎样的问题？从那里发现当时日本外交的拙劣与日本军部的愚蠢是轻而易举的——当然，我在这里并不是说那种批判是不必要的。但是，现在对于昭和意识形态史——试图从当时昭和日本话语的理想形态之中探寻日本人之自我理解的昭和意识形态史——而言，关键是要关注：围绕十二月八日开战的、事后进行的历史性推论，与当时那个时间点上全体国民的感动之间存在的巨大差距。日本国民为何如此感动于此次开战？战争的开端已经能够使后人做出终将失败的推断，然而这开端在当时却将包括南原繁等顶层知识分子在内的全体国民裹挟进深深的感动之中。这是当时曾经存在的事态。即这样的事态：与其说是向英美开战这种鲁莽行为的事实，不如说是战争理念或目的强有力地征服、打动了国民。也许可以说，日本是进行了事实之上的理念的战争、失败于应当失败之战。

十二月八日天皇发布宣战诏书，曰："皇祖皇宗神灵在上。朕信赖汝等国民之忠诚武勇。期待弘扬祖宗之遗业，从速铲除祸根，建立东亚之永久和平，以确保帝国之荣光。"在宣战诏书向国内外发布的同时，帝国政府就此次战争的建设性意义发表了如下声明：

> 想来，使世界万邦各得其所之大诏，彪炳如日月。以日、满、华三国之协作，获共荣之实，进而确立东亚兴盛之基础，该帝国方针固无变化。再者，与怀同一理想之德、意两国结盟，定世界和平之基调，向建设新秩序之路迈进，此等决心日益坚定。而且，本次局势发展至帝国被迫向南方地域展开新行动，绝非对当地居民怀有敌意，而仅仅是

希冀排除英美暴政、恢复东亚固有之明朗姿态，携手同享共荣之乐，别无他图。帝国期待那些居民理解吾国之真意，与帝国共同迈开新脚步于东亚新天地。我们对此坚信不疑。①

此乃阐述帝国政府名之曰"大东亚战争"之战争的理念及其建设意义的公文。不言而喻，这种公文是由将战线已经扩大到南方的本次战争正当化并为之寻找理由的词句组合而成。但是，并不能因此而将这种公文作为欺骗性言论来处理。原因在于，这种文章是和诏敕一起在众多日本人的言论中得到回应的同时，也成了国民的感动言辞。所谓"仅仅是希冀排除英美暴政，恢复东亚固有之明朗姿态，携手同享共荣之乐，别无他图"这种政府声明，是在阐述战争的目的与理念。对于这句话，无论前引住谷的文章还是那些歌人们的诗歌，都进行了精彩的回应。确实，对英美的开战本身，给了日本人那种长期抑制的郁闷之情被一扫而空的快感。同时，新东亚的建设这一战争目的，也将对于开战的感动转变为表达新决心的言辞，并转变为诗歌。这里，让我们再次欣赏前面引用的诗歌——

创造之战，我们挺身而出。大东亚终于，成为一体！
辉煌大东亚，生命的胎动发出最强音，那是今天向英美开战的炮声。

---

① 这份政府的声明我是从住谷的著作中引用的。住谷在其著作中收录这份声明，表明其著作是对这份声明的呼应。

三　"支那事变"的不透明性

早于十二月八日的开战、在盛大的座谈会[①]上叫嚷"今日乃世界史日本之时代"的四位京都学派人士，在开战翌年即昭和十七年（1942）三月，召开了第二次座谈会——"东亚共荣圈的伦理性与历史性"。这场座谈会是在对英美宣战、战争初期已经取得辉煌战果的情况下召开的，因此当然会提出这样的问题——对于过去进行了长达四年、看不到前途、被称作"支那事变"的这场战争而言，刚刚开始的这场"大东亚战争"意味着什么？高山岩男直截了当地在两场战争之间建立了这样的联系——他说："将过去的日支关系正当化的，就是今天这场大东亚战争的理念。"他的意思是："支那事变"的正当性现在第一次被"大东亚战争"的理念与进展所证实。

但是，在此前"支那事变"作为战争实际进行的时候，即攻陷南京的那个昭和十二年（1938）十二月十三日，日本确实是在进行"圣战"，并非在进行不能正当化的战争。即使是在"圣战"的名义下进行了大屠杀，但是谁也未曾说日本当时正在进行不能正当化的战争。不过，到了大东亚战争已经开始的这个时候，他们才开始指出"支那事变"中存在着不透明的成分。

[①] "世界史立场与日本"座谈会举办于昭和十六年（1941）十一月二十六日，会议记录发表于《中央公论》杂志昭和十七年（1942）新年号。关于这次座谈会，请参考本书第三章《"世界史之哲学"的时代》。

西谷：到今天为止对支那采取的行动，某种程度上依然是用被误认为帝国主义式的形式进行的。也许，在政策方面同样采取了招致那种误解的形式。

铃木：就是说，存在过不透明性。

西谷：我认为存在着一种不透明性。不过，我觉得，在某种意义上，就当时的世界状况、历史发展阶段而言是无法避免的。但是，即使是被外部误认为是帝国主义行动，如果现在回过头去看，将其置于与现在的连续性之中来思考，在其更深处也有别一种意义。……现在，日本人对此有清醒的自觉，要清算过去那种意识的不透明性……

高坂：是啊。过去那种不透明的意识必须清算。

西谷：日本对支那的行动，采取被那样误解的外在形式而呈现，是由于受到了当时的世界秩序的历史性制约。但是，那种行动，现在必然地与被称作大东亚之建设的行动、某种意义上对帝国主义进行理念性克服的行动联系在一起。如果由此回头看去，就能够明白，过去的行动之中，也潜藏着无法作为帝国主义行为进行解释的隐含意义。

这里进行这种大段的引用，是为了看看高山做出"将过去的日支关系正当化的，就是今天这场大东亚战争的理念"这种发言之前的座谈会的讨论经过。他们是说："支那事变"之所以包含着无法简单地正当化的不透明性，是因为日本采取了至少在外在形式上被误认为是帝国主义的军事行动。持那种错误看法的并非仅仅是日本外部的人士，日本内部的他们自身内心深处也曾怀有那种疑虑。因为"支那事变"的不透明性也许是因为"帝国主义"这种疑虑掩盖了"事变"的真正意义,以至于那种意义日本人自身也看不到了。"事变"的真正意义是什么?那就是"事变"隐秘地承担着的世界史意义。即这场"事变"曾经承担着世界新秩序的形成这种世界史转换的意义。如果做进一步的阐发,就是排除欧美帝国主义的干涉、在中国指导真正的民族自立、日中协作建设东亚新体制这种意义。如果将这里的"中国"置换为"东亚"或者"亚细亚"来看,那么显然,这些言论作为对于"事变"隐含意义的表述,确实不外乎"大东亚战争"的理念。就是说,所谓"大东亚战争"乃实现"支那事变"隐含意义的行为。就这样,高山那句话被引导出来。高山进行了那样的阐述。他是说:使"支那事变"成为正当战争的,是"大东亚战争"的理念,是高扬那种理念而展开的这场战争。

"支那事变"的正确性被"大东亚战争"的理念所证明,或者"大东亚战争"消除了"支那事变"的不透明性——这诸种观点并非仅仅属于京都学派的这四位。前面列举的住谷、南原等人得到宣战消息时的感动之中存在着这种看法,对开战感到爽快的众多日本人大概也曾不自觉地持有这种看法。因为"支那事变"对于日本人来说曾经是不透明的,知识人未能简单消除"这不是帝国主义吗"的疑虑。确实,"大陆政策"这一现代日本的国策,基本上阻断了日本人对于发生在中国大陆的日本军事行动的批判。唯有批判之中被压制的那一部分,作为对于"事变"的不透明感,越发沉重地郁积在日本人心中。所以,十二月八日的宣战把那郁积在内心的不透明感一扫而光。但是,这是在错误之中怀有的,或者说是受到错误影响而生的感动。所谓错误,就像"将过去的日支关系正当化的,就是今天这场大东亚战争的理念"一语所显示的，是围绕被划分为两场的战争的错误。

四 "支那事变"的意义

京都学派的哲学家们阐述了"支那事变"的"隐含意义"。说某事件包含着"隐含意义"者，总是那些事后式的认识者。那是将在事件发生时未曾意识到的内容作为事件的意义进行事后式再发现的话语。总之，所谓"隐含意义"即事后式再发现者、再阐释者的相关性表述。高山等人就是在听到"大东亚战争"开战的消息之后，依据宣战书宣扬的理念，对"支那事变"进行了"啊？原来是那样啊"式的重现发现。"不透明"的事变，此时看来是透明的并且具有正当意义。但是，这是认识上的错误。

"大东亚战争"的理念并非在对英美开战的时刻被突然提出的理念。昭和十三年（1938）十一月近卫首相发表的"东亚新秩序"声明，早已阐述了确保东亚的新体制与永久和平这一"大东亚战争"的战争目的。进一步阐述这份声明、赋予其意义的理论工作作为"东亚协同体论"而展开，这在战争即将爆发时的日本舆论界、知识界是人所共知的事实。"东亚新秩序"与"东亚协同体"，甚至成为昭和十三年（1938）至昭和十五年（1940）这一时期日本新闻界的主题。在那里被讨论的，正是"支那事变"的世界史意义，是日本与中国在同时克服民族主义与帝国主义的过程中如何建立应当成为东亚新秩序核心的那种关系。那些内容不外乎西谷等人作为"大东亚战争"的理念、即"支那事变"真正的"隐含意义"而重新发现的"意义"。这应当怎样解释？即怎样解释人所共知的"支那事变"的意义阐释话语被作为"大东亚战争"的理念（即"事变"的"隐含意义"）重新发现这件事？

"支那事变"中并不存在"被掩蔽的真正意义"之类的意义。"支那事变"是日本在中国大陆发动的帝国主义军事行动，对于中国来说无非就是抗日战争。而且，对于中国来说，这场战争是培育承担战争的民族主体的民族锤炼过程。在昭和十三年（1938），"支那事变"已经与欧洲的战争危机相呼应，具有世界列强在其背后进行重新组合的世界战争的性质。在"事变"成为世界性的中日战争的那一刻，战争也成为需要包含世界史意义的战争。只要"事变"是区域性的事变，它就不会提出世界史意义之类的要求。就是说，世界式的日中战争，需要世界的新秩序即"东亚新秩序"这种构思。那就是近卫首相的声明，就是蜡山、三木等人的"东亚协同体论"。这一点我在前一章已经详述。所谓"支那事变"，已经是世界战争。所以，它使日本的战争当事人提出世界的新秩序构思，使学者们去建构阐发世界史意义的理论。但是，京都学派的哲学家们，在得知"大东亚战争"宣战的时候，才第一次注意到那是为了实现"支那事变"隐含的世界史意义而进行的战争。这里一目了然的是：对于京都学派的他们来说，日本的世界战争，此刻伴随着昭和十六年十二月八日对英美的宣战开始了。不仅是他们，当时绝大部分的日本人都是那样认为的——认为反对世界的旧秩序与旧势力、建设东亚新体制的战争现在刚刚开始。因此，前文列举的那些歌人们才会放声高唱，抒发听到天皇宣战诏书时的感动与对于建设新东亚的希望。

五　开战与错误的感动

只要绝大部分日本人同时怀有感动与希望——由对英美宣战而生的感动与建设新东亚的希望——这两种感情，那么，歌人们放声高唱"创造之战，我们挺身而出。大东亚终于，成为一体""辉煌大东亚，生命的胎动发出最强音，那是今天向英美开战的炮声"的歌颂行为就不是虚伪的。但是，这里存在着应当称作"错误的感动"的成分。那也是甚至连京都学派的哲学家们都犯下的错误。这个错误就是：人们在将现在我们称为"亚洲·太平洋战争"的这场战争区分为"支那事变"与"大东亚战争"的同时，认为世界战争始于昭和十六年（1941）十二月八日。

我听到对英美宣战的新闻报道，是在上小学三年级的时候。我清楚地记得，宣战翌年从四年级新学年的任课女教师那里听到"日本在很长时间里一直在进行战争"一语，觉得不可思议，因为我当时认为"战争不是刚开始吗？"，即未曾觉得"支那事变"是战争。这并非仅仅是儿童的误解。绝大部分日本人是相信唯有对英美的战争才是名副其实的战争，因而怀着激动的心情倾听宣战的报道，而且相信建设新东亚的战争此刻刚刚开始。怀有那种想法的日本人，不认为眼前的战争是作为"事变"而展开已久的世界战争的新阶段或曰最后阶段。他们相信对英美之战作为战争现在刚刚开始并且感动于开战。那是无意识之中犯下的错误，是来自错误的感动。

京都学派的哲学家们说"支那事变"之中"有一种不透明性"。不透明的是"事变"吗？毋宁说，是他们自己未曾有过正视"事变"这一事实本身的意愿。即尽管怀有"这难道不是帝国主义战争吗？"这种疑问，却完全没有意愿正视发生在中国大陆的帝国主义战争的实情。确实,"事变"这一帝国主义战争的实际情形在国民那里被遮蔽了。只要实情被遮蔽,"事变"就是不透明的。对于国民来说"事变"的实情被遮蔽,而且国民也没有审视"事变"实情的愿望。被掩藏的并非"事变"的意义,而是"事变"的实际情形。让国民无法看到、国民自身也无意去看的,是"支那事变"这场以中国与中国人民为敌而展开的帝国主义战争的事实。"支那事变"的事态是日本人不愿正视、一直回避的。只要这样回避,"支那事变"就是不透明的。"事变"是在日本国民含混、迷乱的情感之中悬而未决的事态。

十二月八日这一天,国民的这种悬而未决的事态被一举解决。因为现在名副其实的战争开始了。以真正的敌人为对手的战争现在开始了。为了东亚的真正解放与自立的战争现在开始了。国民相信那是真实的,并感动于宣战与初战告捷。但是,在对于宣战的这种感动之中,国民更加远离了"事变"的真实。尽管日本已经向"支那事变"投入了一百万军队的兵力,但"事变"对于日本人来说却不是真正的战争!昭和十六年(1941)十二月八日,日本人沉浸在错误的感动、自欺欺人的感动之中。

六 为何如此感动于宣战?

日本人从十二月八日的宣战受到了深深的感动,而且那是来自"真正的战争现在开始了"这种认识的错误的感动。既然如此,"日本人为何如此感动于宣战"这一问题,大概同时也是"日本人为何错误地开战了"的问题。那么,为何犯了错误?如果寻找这一问题的答案,我们只有回到认为以美英为敌手的"大东亚战争"才是真正的战争这一日本人的错误本身。

昭和日本即作为世界列强之一强调自己在亚洲的利益的日本——这一点我在本书开头已经指出。不过，将这个日本作为列强之一进行认识的，是第一次世界大战期间及"一战"之后被称作"凡尔赛体制"的、由列强统治的世界体制。但是，该世界体制在承认日本乃世界列强之一的同时，也将日本看作来自亚洲的破坏秩序者。对于国际社会给予的昭和日本的国家形象，日本人自身是用怎样的自我形象与之对应的？在京都学派那四位的座谈会上声称"将过去的日支关系正当化的，就是今天这场大东亚战争的理念"的高山岩男，围绕凡尔赛体制这样说：

> （第一次世界大战）战后世界的凡尔赛秩序，不但仅仅以旧的现代世界观为基础，事实上依然是以欧洲的世界统治为根本前提的欧洲中心秩序，仅仅是被以战胜国为中心的秩序改变了形态而已。这样一来，本应宣告现代终结的前一次大战并没有宣告什么现代终结，这导致"现代"又延续了二十年的岁月以至于今日。①

高山是说，视日本为世界秩序破坏者的凡尔赛体制乃早就应当终结的现代的遗产。这里所谓的"现代"，即建构了欧洲中心式世界秩序的 19 世纪至 20 世纪的时代。那个"现代"，本应因第一次世界大战而伴随着欧洲中心式世界秩序走向终结。然而，所谓战后的凡尔赛体制，却不过是通过转换为盎格鲁-撒克逊秩序而延续的

---

① 高山岩男：《日本的课题与世界史》，弘文堂 1943 年出版。

现代的世界秩序。理应终结的"现代"就这样延续到了今天。这就是高山所阐述的。正因为如此，20世纪的现在所追求的，就是终结依然残存着的"现代"，实现世界史的真正转换。1933年日本的退出国际联盟，"显然是具有对东亚的盎格鲁-撒克逊秩序宣战之意义的行动，甚至是具有抵抗世界旧秩序理念的意义的行动"。高山是说，昭和日本乃背负着应当在亚洲宣告盎格鲁-撒克逊秩序的终结这种世界史使命而存在的国家。

一边围绕对开战的感动自己提出"为何犯了错误"这种问题，一边在世界史的背景上对唯有以英美为敌手的"大东亚战争"才是真正的战争这种认识进行论证——高山的此种论调，我在这里居然似乎不加解说地进行了转述。不过，恰恰是为宣战的正当性而辩解的逻辑，才阐明了将日本人引向错误感动的是何种观念。不正是这样吗？在高山这里，用于论证宣战之正当性的是"现代的超克"的逻辑。所谓"现代的超克"是这样一种逻辑——这种逻辑教导我们"今天终于展开的大东亚战争绝非现代内部的帝国主义式争霸战，而是宣告现代终结的（世界史）转换的战争。"所谓"大东亚战争"，首要的、关键的问题是发生在"东/西"这种地缘政治学式对立的图景中的战争。"西"即统治性地建构了"现代"这一文明世界秩序的欧洲，即现在的盎格鲁-撒克逊。针对这种"西"的"大东亚战争"，即终结"现代"、在东亚建立新秩序的战争，即确实能够带来世界史转换的战争。就是说，"大东亚战争"即"现代的超克"的战争。

也许有人会说，"现代的超克"的逻辑即使将世界史的重新把握与带来世界史转换的战争意义传达给日本人，也并非导致错误的感动的逻辑。但是，当"现代的超克"被置于"东/西"的地缘政治学式整体结构之中，被用文明论式的语言、压迫与解放的政治心理学语言，被从日本的角度、基于亚洲盟主的自高自大来阐述的时候，它大概就会成为导致日本人错误感动的理念，并且成为表达那种理念的语言。在立足于亚洲盟主这种日本的、"大东亚战争"的语言中，并不存在"支那事变"的影子。在宣战带来的兴奋与颤抖之中召开的《文学界》的座谈会的主题，被会议主持人河上彻太郎归纳为"现代的超克"一语[①]。但是，在那场"现代的超克"座谈会上，中国问题完全没有被提及。

[①] 在"现代的超克"座谈会（座谈会记录载《文学界》昭和十七年九月号、十月号）开场时，主持人河上彻太郎这样说。关于此事，请参阅本书序章。

第七章
即使战争无偿而终
——保田与重郎的战时与战后

基于作为思想的立场而言,即使是对此次战争无偿而终的时刻进行想象,也实在是雄伟的浪漫主义。

——保田与重郎《蒙疆》

这样坚守到最后者,为昨日之国运进行正面战斗,今日亦如此战斗,明日也会那样战斗。

——保田与重郎《为日本祈祷》

一 对于失败的假设

"保田与重郎朝着遥远的蒙疆、由家人欢送从大阪车站出发,是在昭和十三年五月二日早晨。"——谷崎昭男为《蒙疆》一书撰写的"解说"[①]是这样开头的。"解说"还写道,那个早晨"暴雨正在从天而降"。保田此次大陆之旅的出发,被看作日本浪漫派精神的表现,并被看作那种精神的证明。谷崎的这篇"解说",正是使

---

① 文库版《蒙疆》(保田与重郎文库10,新学社2000年出版)的"解说"《龙山D先生、周作人及其他》。不过,谷崎在这里说出发时间是5月2日晨,而保田本人在《蒙疆》中写的是"上个月1日出发,本月12日回到神户港"。

用与保田的出发相称的笔调开始书写。昭和十三年（1938），如同本书第六章已经阐述的，即"支那事变"作为"事变"未能终结、呈现为"日中战争"局面的这一年，也是第一次至第三次近卫声明发表的年头。在那同一年的三月，小林秀雄也作为《文艺春秋》杂志的特派员前往中国，在杭州向火野苇平通报火野荣获芥川文学奖的消息。就保田而言，毋宁说他是作为与小林秀雄一样以《文艺春秋》特派员身份出国的佐藤春夫的同路人而前往大陆的。① 保田一行从朝鲜出境经满洲到达北京。佐藤停留北京时生病住院，保田与之分手，踏上了前往蒙疆的旅途，经大同入内蒙古至绥远、包头。从北京归国的途中，保田又访问了热河、承德。保田一行回国所乘的客船到达神户港，是在 6 月 12 日。保田此次长达五十天的大陆之旅的感想被写成文章发表于《我思》，随后这些文章被编为《蒙疆》一书，同年 12 月由生活社刊行。②

我在这里之所以从保田的《蒙疆》一书谈起，是因为保田在书中最后那篇题为《大陆与文学》的文章中用忧虑的词句讲述了忧虑的事情。本来，保田写的文章中没有不忧虑的内容，其文皆由忧虑的词句所构成，但此文所言乃特殊之忧虑。

<u>此次战争</u>即使无偿而终，日本也进行了重写世界史的大远征。站在流经蒙古的黄河岸边的时候，我第一次感觉

---

① 保田被认为是作为《我思》发行所特派员前往中国，但是，谷崎在前涉"解说"中写道：很难认为保田是作为同人杂志《我思》的特派员获得了战地旅行许可证，实际上他大概是作为新日本文化会机关刊物《新日本》的特派员获得许可的。

② 保田与重郎：《蒙疆》，生活社 1938 年出版，以下引文均出自此单行本。

到了日本的大陆政策在世界历史中的位置。这种浪漫主义，属于几名改变了世界历史的英雄用独有的、疯狂的宗教或艺术所做的事情。但是，在日本，民族与军队做了。基于作为思想的立场而言，即使是对此次战争无偿而终的时刻进行想象，也实在是雄伟的浪漫主义。①

这里，保田在一节之中甚至两次使用"即使战争无偿而终"这种假定性的表述。所谓"即使无偿而终"，意思大概是"即使战争不以胜利的结果而结束，成为徒劳的行动"。如果将保田所谓的"结果"作为领土扩张即通过物理手段获得的利益，那么，对于那种否定性的假设大概可以做这样一种弹性的理解——"即使战争不是伴随着那种物理性的胜利结果而结束"。确实，从尊重"支那的领土及主权"这种第一次近卫声明（1938年1月）中的语句来看，保田所谓的"无偿"也许包含着那种含义。不过，对于那种假定性表述也可以反过来做硬性理解，即作为"战争未获得胜利的结果，成为徒劳之战，以失败告终"这种假定性表述来理解。不言而喻，在那个时代，即使是用假定性的表达方式谈论"失败"也不被允许。不过，"即使战争未获得胜利的结果，作为徒劳之战告终"的假设，如果深究其意，大概依然会引申出战败的假设。"战争即使以失败告终"这种假设，大概是从"即使战争无偿而终"这一假设之中无须牵强解释而自然引出的表述。现在，在日本用战争从大陆获得的区域旅行的日本浪漫主义者保田的话语——所谓"即使战争无偿而终"，是一种能够使人对战败进行假定性推理的表述。

---

① 保田与重郎：《蒙疆》，着重号为引用者所加。

5月1日,保田在北京观看了庆祝徐州陷落的"支那人之彩旗游行队伍"。关于那次参观的感想,保田写道:"从他们的游行队伍中,所谓能够成为国家、国民、民族等今天的伟大观念之灵感或联想根据的东西,我连一点点都没有感觉到!大致说来,我在北京必须品味文化的绝望。"他是因绝望于北京才踏上旅途前往蒙疆的。

二 为何是蒙疆?

保田为何去蒙疆?蒙疆究竟在何处?关于"蒙疆",辞典(《广辞苑》)的解释仅仅是"中国的原察哈尔、绥远两省以及山西北侧的省份"。不过,这种简单解释仅仅能够使我们脑海里浮现出朦胧的内蒙古区域。所谓"蒙疆"能够使我们想起某个激发浪漫主义想象、古已有之的地名,但它为日本人所知却是晚近的事情。阅读昭和中期的地缘政治学者小牧实繁所编《大东亚地政学新论》[①],其中兼子俊一所撰《蒙疆在大东亚的地位》一文曰:"蒙疆这一地名开始出现在我们耳边,是'蒙疆联合委员会'成立以来的事情。"该委员会成立于昭和十二年(1937)十一月二十二日,可见"蒙疆"这个地名即使是对于日本的地理学者来说也是新鲜的。可以说,"蒙疆"之名是与"支那事变"相伴随才初为日本人所知。兼子俊一写道:蒙疆政权的成立与发展"乃'支那事变'所创造的伟大历史之一。"

"皇军对于凶暴支那的惩罚以暴风骤雨之势展开,向察哈尔方向进击的皇军,8月27日即进入张家口城,察南十县的民众之间,

---

① 小牧实繁编:《大东亚地政学新论》,星野书店1943年出版。这里引用的是同书所收兼子俊一的《蒙疆在大东亚中的地位》。关于蒙疆,也参考了《支那问题辞典》(中央公论社1942年出版)中的"蒙疆"条目(后藤富男撰写)。

脱离蒋政权、建立自治政府的呼声日益高涨,最后,我们看到了9月4日察南自治政府的成立。"地理学者兼子俊一从将事态进展与皇军行动一体化的视角,追踪自"事变"发生至蒙疆联合委员会成立之间的事态发展情形。山西北部的自治政府在10月10日、绥远的蒙古联盟自治政府在10月28日相继成立。后者成立之日,蒙古大会宣布当年为成吉思汗纪元732年,开始实施防共、民族协和的新政。继而,11月22日各政府的代表会聚张家口,成立了"蒙疆联合委员会"。"蒙疆"之名为日本人所知就是在那之后。保田奔赴那个蒙疆,是在翌年5月。那个蒙疆既非遥远的塞外山区亦非高原,而是满洲国西部边界的重要地区,就时间而言它在日本帝国的地理政治学版图上登场尚不足一年。不过,那时候,北部的日军战斗行动实际上已经结束,日军在大陆的作战行动已经南移。如前文所述,保田是在北京听到徐州陷落的消息。日军在大陆的作战中心已经是南方,但保田并未像许多从军作家那样随日军南下。① 他是"将应当南下之路改为北上之路"。一年之前,日军向北越过了南口、居庸关、八达岭,现在保田也是越过这些地方北上。旅行结束后保田写道:"我显然失望于北京,但置身蒙疆却第一次有了再生之感。没有从北京直接回国,那对我来说值得感谢!而且,对于没有从北京南下,我也不感到后悔。"②

保田绝望于北京。保田置身北京时的绝望即其置身蒙疆时的希

---

① 保田写道:"我看到了在大陆旷野上向前延伸的一条日本的道路。不知是幸运还是不幸,在战争结束之地旅行的我,仅仅是听到从遥远的地方传来的雷声一样的炮声,无力书写在现场直接描绘战争的文学。"(见《蒙疆》中的《北京》篇)

② 引自前涉《蒙疆》一书中的《蒙疆》篇。

望。保田为何会在蒙疆获得希望？这一问题与"保田为何失望于北京？"的问题互为表里。保田写道："我偶然地失望于北京，因为失望而越过居庸关。我在北京未曾看到什么文化。"所谓"在北京未曾看到什么文化"是保田偏激的正话反说。那是要指明通过否定北京而肯定的某种东西。他要为改造北京那种非文化的文化指明道路，曰："改造无文化之文化者，总是宏大理想之表现。"保田说所谓进行那种文化变革的"理想之表现"，即"皇军士兵的刀枪"奏出的旋律。曰："从将军的汉诗与军官的新体诗开始，用更富于生命力、更为原始的表现方式，北方大陆的士兵们"放开歌喉。保田所谓"北京无文化"这种使用否定性词汇的反语，描绘出了日军士兵的刀枪所演奏的北方大地即蒙疆的理想。那么，保田在没有文化的北京看到了什么？

> 我在北京未曾看到什么文化。存在于那里的是清朝宫廷的风俗。服饰、房舍、文化等，都不过是乾隆所喜爱的。那是明朝人惨淡的失败。不，伟大的康熙、乾隆二帝。①唯一作为汉人皇帝的是永乐帝，越过蒙古沙漠、率军亲征的唯一的永乐帝，只有他的遗业天坛令我吃惊。……但是，远比汉人天子的精神更为雄大、悠远者，难道不是蒙古或满洲天子的精神吗？

北京没有文化。统治这里的仅仅是清朝宫廷的风俗。保田用这

---

① 这段话日文原文即有暧昧、费解之处，这里按原文翻译。"那是明朝人惨淡的失败。不，伟大的康熙、乾隆二帝"一句，完整的表达有可能是"那是明朝人惨淡的失败。不，毋宁说是伟大的康熙、乾隆二帝的胜利"。——译注

样的北京来讲述汉人文化的失败。不过,讲述明朝人之失败的保田,是将清朝人风俗统治的北京作为清人的胜利来肯定的吗?并非如此。他是绝望于北京的。关于北京,保田发表的总是否定性言辞。那种否定性言辞反语式地指明的,是"蒙古或满洲天子的精神"。因此他才想去蒙疆并且去热河探访那些天子们的遗业。那是试图与破坏、否定的刀枪创作的诗歌进行合唱的浪漫主义者之旅。这位走向蒙疆的浪漫主义者说:"北京不存在的果敢之剑被隐藏在蒙疆。我为了面向世纪的希望,期待那一天的到来。从日常开始,浪漫之物征服世界。"

三 告别北京

在北京为保田做向导的是其高中时代即相知的老友竹内好。关于这位竹内好,保田介绍说:"作为现代支那文学研究家几乎是唯一的年轻有为的诗人学生。"与竹内一样专攻东洋哲学的神谷正男也是保田在北京的向导。保田写道:"停留北京仅半月余,就能够厚着脸皮谈论北京,是因为有这些人做导游、介绍情况。"保田这次停留北京的时候,大概经竹内、神谷等人介绍与北京的知识人见了面。这种聚会在保田这里是造成其北京厌恶感的另一原因。"我得以与北京知识界的若干人见面。毋宁说,那时候我在咀嚼失望之外,甚至又体验了丑恶。"

保田说那些知识人中的顶级人物"持续保持沉默,不时讽刺、挖苦、撒谎"。他批评那些中间层次的人物是"讲一点对蒋介石的信任,然后对日本人提出要求"的中间商。关于其中的低层次者,保田写道:"我去的时候,在高声大语地排练戏剧演出。练习的不是演技而是台词。我渐渐进入进行戏剧研究的青年男女的那种气氛，比起在中央公园牡丹园看到一群一群携手漫步的青年男女的时候，有了某种在阴郁中穿行黑暗世界的感觉。"保田的这种隐晦曲折的批评不易理解。为何这是最下等的？大概这是对把他领到这里来的日本知识人所说的反话。接着上面这段话，保田又说："日本人将那种场合的事情作为支那人超凡的伟大来讲述，并返顾自己的纯情。但这种返顾的方法不好。那是已经彻悟的我们的知性感伤与荒谬。"不过，我这样引用保田的文字，并不是说我理解了他那种曲折隐晦的批评。只有一点是明确的，即保田对那些日本知识人感到愤怒。因为，在 1938 年的北京，那些日本知识人面对对时局保持沉默的中国知识人，或者面对那些不关心时局、热衷于戏剧的中国青年男女，感佩于中国人的伟大。保田对于日本知识人的这种卑屈所怀有的厌恶，延伸到了日本统治阶层对中国的怀柔策略上。他说："日本今天的统治阶层总是尊重国内外的'著名'。毋宁说他们是让步到卑屈的程度，试图利用宣称在战争结束之前封笔的学者文人。这种怀柔策略比满人皇帝康熙大帝、乾隆大帝的汉人对策还要拙劣，还要规模贫弱。"

　　保田绝望于北京的，并不仅仅是对于那现存的非文化的文化。在始于卢沟桥枪声的战争扩大到中国中原地区的此时，像是为了追随那场战争而帮助进行新文化建设的日本知识人的文化工作舞台，现在是由北京来充当了——保田对此怀着一种深深的厌恶。

　　　　持续追随今天日本士兵们前行的足迹，怀疑其文化建
　　　　设能力，在其构想之中主动筹划承担文化设施工作者，也
　　　　在有意识地亵渎，或为目光短浅之罪。那种对于 19 世纪思

考的变革，现在确实正在变为实际行动。有必要清楚地认识到这一点。战争大概会产生文化。[①]

他们这些知识人、文化人认为，士兵另当别论，"事变"这场战争需要自己。战争仅仅靠士兵之手不会终结。他们把重建士兵破坏之物看作自己的课题。保田将此种想法称为"19世纪式的思考"。所谓19世纪，即借助现代欧洲的知识、思想、文化体系，先进文明国家得以形成的时期，也是日本虽然起步稍晚但已经在文明开化之路上奔走的时期。保田是说横行于北京的就是承担这种19世纪思考方式的日本与中国的知识人。"北京尚有表达19世纪话语的余地，尚有掩藏那种无能的组织。"但是，日本士兵试图用其刀枪改变的，难道不就是那19世纪式的世界秩序吗？

> 我们日本的智慧，过度地被对于19世纪式理论体系的关注所统治，因此不能将此次战争作为对于19世纪秩序的变革来思考。难道不是这样吗？如果我们承认19世纪秩序及其文化伦理，那么我们只要接近那种文化伦理的最终决定者国际联盟与英国式议会就可以了。

所谓在北京蠢动的19世纪式思考所指为何？这只有通过保田的用语进行想象。他说"我认为单纯地思考民族自决当然是不可能的"，并说"那种在支那人的立场思考之类的知性纯粹论是荒谬的"。

[①] 这段话呈现出比较典型的日本浪漫派文体特征。原文即有暧昧、含混的倾向。这里是按照原文直译。——译注

这些表述是针对一方面促进中国的民族自立、一方面力图帮助作为现代国家的中国再生的那些人而言的吗？从保田所谓"那种荒唐，即今天的国际联盟主义，即英国议会式的国际伦理"这种表述来看，或许我的想象是成立的。声称"不以国民政府为对手"的第一次近卫声明，在保田等人开始旅行之前的昭和十三年（1938）一月已经发表。那个声明中有言曰："期待着真正与帝国相提携的新兴支那政权的建立与发展，希望与新兴政权调整两国的外交关系，协助建设获得新生的支那。"保田在北京看到的，也许是力图实现该近卫声明的日本知识人的活动。他将那些活动作为基于19世纪式思考的行为来看待，声称"现在是对旧知识发表虐杀宣言的日子"。

"我想，比起在亚洲制造新的英国，制造一位乾隆更有意义。那样做显然会使世界文化变得丰富。"——保田留下这句话，告别北京，开始了蒙疆之旅。

四 "现代"终结之战

对于告别北京、前往蒙疆的保田来说，这场战争不能是一场通过建立"新兴支那政权"（近卫声明）而终结的战争。因为战争如果那样终结，按照保田的说法那仅仅是国际联盟秩序的胜利。在大陆进行的这场战争，必须是破坏并终结该国际联盟秩序——换言之，即19世纪式的知性与文明的秩序——的战争。保田此时尚未将其称为宣告现代的终结的战争。保田将"现代的终结"这五个字用作自己的书名，是在即将对英美宣战的时候。① 但是，对于在昭

---

① 保田在昭和十五至十六年（1940—1941）撰写的文章汇编为《现代之终结》一书，于昭和十六年（1941）十二月由小学馆出版。

和十三年（1938）五月前往蒙疆的保田来说，中国大陆的这场战争已经是应当宣告现代之终结的战争。这场战争是以通过破坏19世纪式的文明秩序而达到文明革新①之目标的文明战争。如果这已经是针对由欧美先进文明国所规定的国际秩序而进行的文明之战，那么他们单方面规定的"战争"概念、"和平"概念都不属于日本。"'拥有之国与不拥有之国'这一重新分割今日世界的口令一直在我们耳边回响，若为不拥有之国则必须拥有"——如同此语显示的，现在，那种国际性的考量造成的繁琐性必须被自我主张的简明性取代。这种简明性就是战斗着的士兵们的感觉。"并非单纯的人道主义或者单纯的帝国主义，何况并非现代的自由主义或共产主义。这种高度的日本人的——主要是士兵们的——感觉，依然是日本主义。"保田这样写道。

保田已经不介意"征服""侵略"之类的谴责。他说："初次经历了今日之浪漫世纪的日本，踢开一切悲哀飞跃向前。即使是用征服或侵略作为手段，那也依然是正确、美好的。"这里完全没有日本知识人多多少少曾经怀有的那种对于"支那事变"的负疚与责难。保田近于咬牙切齿地说那种态度不过是19世纪式知识人的感伤主义。在保田这里，从"支那事变"到"大东亚战争"的事变与战争的过程第一次成为同一场战争，②即应当宣告19世纪式现代之终结的、日本之革新文明的战争。昭和十六年（1941）十二月八

---

① 保田在战争进行中的昭和十八年（1943）出版了名为《文明革新论》的书。
② 绝大部分日本人将"支那事变"与"大东亚战争"分开来看。如前章所述，他们认为真正的战争是从昭和十六年（1941）十二月八日开始的。认为"支那事变"已经是世界战争的是浪漫主义者保田，是有国际思想的共产主义者尾崎秀实。

日对英美的宣战，对于他来说并非驱除了"支那事变"带给日本人的阴郁心理的那种事件，而只是使他更加相信那是已经由日本发动的、宣告现代之终结的战争。在宣战翌年的昭和十七年（1942）元月，保田回望昭和七、八年，写道："我们再次确信我国的浪漫的神话思想——作为形成于阴郁之日的原理的那种思想，同时成为兴盛之日的原理。"①

如果战争是文明革新之战，那就并非通过调停或协定等方式能够终结或者不能终结的。那并非获取疆土或者不获取疆土的战争。保田简洁明了地说"若为不拥有之国则必须拥有"。但那是作为对于以占有领土为中心的联盟秩序的反讽。所谓日本的战争就是对这种所有权秩序本身的变更。保田一边谈论变更一边说："面对物质我们使用精神，那是我们的行为表现之一。我们的行为是对于那个世界的实证与示威。"在战争成为精神之表现的时候，那么它是以胜利的结果结束还是相反，即为不会被追问的问题。所以，那种所谓"这场战争即使无偿而终"的假定性表达在保田的话语系统中得以成立。就是说，即使这场战争结束于没有获得切实的、物质性的胜利结果，我们日本民族的精神轨迹也深深地镌刻在了大陆旷野的纪念碑上了。

此次战争即使无偿而终，日本也进行了重写世界史的

---

① 《大东亚文化论之根本精神》，收入《文明一新论》，第一公论社1943年出版。此文写于昭和十七年（1942）一月，其中有这样的表达："我们彻底排斥英美流的文化，就是宣告现代的终结，放逐文明开化思想，树立民族优越感。所谓文明开化，就是倾向于使用英美文化侵略状态下的阴谋所构想的形式或方法来思考文化。"

大远征。站在流经蒙古的黄河岸边的时候，我第一次感觉到了日本的大陆政策在世界历史中的位置。

昭和二十年（1945）八月十五日，保田的这个假定句所包含的终极性假定即战败这种结局变为现实。那么，保田所谓的战争也伴随着战败这种终结而结束了吗？保田是否谈论过"重写世界史的大远征"在亚洲留下了怎样的纪念碑？

五 归我故园

战争结束时，在中国山西省东部，保田"作为重病患者躺在石门日军医院的一间病房里"。[①]他复员、返回故乡大和樱井时已经到了昭和二十一年（1946）五月。"丙戌年五月上旬，鄙人自大陆归国，径往乡村居住，一直务农。"保田在《农村记》中这样写道。《农村记》中的文章，记录了保田一年间战地生活之后的一年间农耕生活中的感慨与思索，发表于同人刊物《祖国》。保田经过战时、战后的三年"停笔"[②]之后，撰写的第一篇文章是《少女哀别》[③]，《农村记》与《少女哀别》一起收入作为保田战后第一本著作出版的《为日本祈祷》。

---

① 《为日本祈祷》的《后记·一》，正木会祖国社1950年出版。这里的引用是使用同书的文库版，保田与重郎文库15，新学社2001年出版。
② 《农村记》写作时间为昭和二十四年（1949）七月至十一月。这里引用自前述文库版《为日本祈祷》。
③ 《少女哀别》一文原题用平假名书写为"みやらびあはれ"。"みやらび"为冲绳方言，指年轻女性或天真无邪的儿童。——译注

保田在终战之年即昭和二十年（1945）三月带病应征入伍，被派往中国的华北。但是，四月他就患病住进了石门的陆军医院，据说在那里两次病危。那就是保田所谓"战场一年"的生活。他说是在翌年从天津乘船回到故乡大和，开始了"农耕生活"。但是，这一年间的回乡务农生活是怎样的呢？就像他的"战场生活"曾经基本是部队医院生活一样，其"农耕生活"大概也只是借用农耕场所的、停笔思索的诗人生活。据其年谱①所记，昭和二十四年（1949）保田已经"展开频繁的文笔活动"。保田一年间的回乡务农生活仅仅流于形式。不过，即使那在很大程度上流于形式，而我想关注的是保田在战败后回到故乡大和农村，选择了回乡务农的生活方式这件事本身。他没有回到努力从战争废墟上复兴的东京，也没有回到大阪。"那每天都要走过的故园山川，每当深情地凝视、凝视……山川秀丽让我泪眼蒙眬！"——保田回到了这种"我的故园"。

保田曾经告别东京与北京，奔赴蒙疆。以日本战败为分界线，保田回到了他的大和故园。从蒙疆到大和故园这种保田浪漫主义理念之场所的转换之间，存在着战败。那么，所谓战败对于保田来说意味着什么？日本真的失败了吗？如果失败了，那是败于何处、何人？对于保田来说，战争曾经是针对现代欧美19世纪知识文化体系的文明论式的战争，这一点前文已经论述。日本在那场战争中确实已经失败。不过，日本在那文明论式的战争中，是败给了19世纪式文明，直接说来即败给了现代的物质性科学文明。"'现代'所生产的最高端产物原子弹，同时也是破坏'现代'所生产的最高端产

---

① 保田在《少女哀别》中说："我经历了一年间停笔的空白生活、一年的战场生活、一年的农耕生活。而且，在这长达三年的停笔生活中……"等。

物现代都市的最为有力的工具。"(《后记·一》)日本被投下这种高科技的现代产物原子弹,大部分现代都市在战火中化为废墟,战败了。战争及其胜利或失败,均为19世纪式的现代所生产之物。如果是这样,那么保田的战争也因那失败而结束了吗?保田在大和的田园度过了一年农耕生活之后,说:"即使是在这里,我依然与19世纪式的思考方法对立,否定所谓的'现代'"(《少女哀别》)。他的战争尚未结束。对于接到战败的消息举杯庆贺的老作家,他满怀愤怒。他写道:"这样一来,坚守到最后的人,为昨日之国运从正面作战,今天亦如此作战,明天也能够那样作战。"日本在"现代"这场战争中品味了"现代"这种失败,因此保田针对"现代"的战争不会结束。不过,从蒙疆回到大和故园的保田所进行的还是同样的战争吗?他在大和的"我的故园"之中进行的战争又是怎样的战争呢?

六 从负面底层进行的战争

在保田与重郎这里,蒙疆是作为北京或东京的"反语"存在的。蒙疆是由与19世纪式的思考和凡尔赛国际秩序保持否定性对峙的诗人的理念和士兵的刀枪支撑的。这里我说的是"诗人的理念和士兵的刀枪"。确实,所谓蒙疆并非仅仅是寄托了浪漫主义诗人梦想的天子之征服的原点。那时候满蒙是与日本帝国的生存密切相关的大陆政策被推行的原点性领域。保田昭和十三年(1938)大陆之旅途经地域的顺序,是"从朝鲜经过满洲的中枢交通线,从北中国到达蒙古,再经过'满洲'新领地热河回国,——这个顺序对于我们审视今日之日本、展望明日之日本来说，应当说实在是合理的'方法'"①。如同此言所示，那个顺序是忠诚地沿着日本帝国的野心所画出的轨迹展开的。所以"蒙疆"与其说是浪漫主义式反语，不如说是帝国主义式对立语。寄托于蒙疆的、浪漫主义诗人讲述的所谓"亚洲天子的征服"，只能是与盎格鲁—撒克逊式世界征服相对抗的、日本帝国的天皇对亚洲的征服。保田随着日本战败从蒙疆回到了"我的故园"。那是从"我们的天子"征服的原点回到了怎样的原点？

保田回归的是故乡大和的乡村樱井。樱井距京都一个半小时的车程，距大阪一个小时的车程，是交通便利的好地方。关于这一带的农业状况，保田写道："似乎是采取以种植稻米作家庭主食、自家产的蔬菜终年不缺的方针，因此多为难以纳入小农范畴的小农户。"不过，这大概是农地解放之前日本、尤其是近畿地区②极为普通的农村状况。保田把这个农村作为自己浪漫主义思想的新原点。那么，这个农村作为他的原点是怎样被重新建构的？

> 自明治时代的文明开化以来，日本农民的父祖之辈，一直背负着最为严酷的贫困之债。日本现代文明与日本现代军备，是以占国民六成以上的农村人口的贫苦为代价建立起来的。无论是西田哲学、田边哲学还是白桦派文学，包括那些人、那些生活，都是在农民的贫困这一被明确意

---

① 前引《蒙疆》一书中《到达庆州》一文。
② 指京都、大阪二府与兵库、奈良、和歌山、滋贺、三重五县构成的地域。——译注

识到的牺牲之上诞生的现代文化。①

　　这里，保田讲述的是在败于"现代文明"这种战争的文明日本的负面底层忍受着贫困、支撑文明日本的日本农民与农村。所谓"文明日本"是指败于文明战争的现代日本，即负面日本。保田所谓的贫困的农村，即负面日本的更为负面的底层。恰恰是这种作为二重负面的底层的农村，成为企图用全面否定与19世纪式现代文明世界进行对峙的保田的新的原点。以这种作为负面底部重新建构的日本农村为原点，保田发动了新的文明论式的战争。在保田这里，这大概是持续性的战争。但是，从战败的日本发动的战争采取了完全不同的战略部署。如果说蒙疆是前进的日本的原点，那么"我的故园"则是后退的日本的原点。如果说前者是正的原点，那么后者则是负的原点。在1945年之后的日本被发动的文明论战争中，保田从该负的原点进行的新的浪漫主义战争，提出了作为原型的话语战略部署。那么，竹内好遵从该部署怎样建构了战后亚洲之战的话语？——这是后文要论述的问题。

七　水稻种植与亚洲价值观

　　不过，日本农村不是曾经被保田作为自然主义文学发生的基础，和自然主义文学一起被保田所厌恶吗？② 确实，保田厌恶的是

---

① 见前引《农村记》。
② 保田与重郎：《为了自然主义文化感觉之否定》，收入前引《现代的终结》。关于保田的自然主义批判，请参照本书第四章《诗改变世界秩序》。

自然主义文学家的行为——这些文学家将共产主义者或马列主义者界定为亚洲式或日本式的日本农村的悲惨在作品之中进行再生产。所谓"半封建土地所有制""亚细亚生产方式"之类的对于亚洲后进性的界定，确实是来自19世纪文明先进国的、单方面给予的评价。保田曾经结合那种界定，将对于日本式悲惨进行的文学式再生产作为"殖民地式的"进行批判。保田将从属于现代欧美先进文明的日本视为"殖民地式的"这种批判，在被称作"第二次开国"的战败后的日本，即使没有强化，却也没有弱化。不过，保田现在是试图将欧洲·东方主义所规定的、作为亚洲式后进性现场的日本农村作为继续进行战争的新原点。此时日本农村是在何种意义上成为战争的新原点的？

　　日本农村首先必须被作为稻作场所进行重新确认。在保田这里，稻作农业一方面被与以资本主义式生产、经营、利润、劳动观念为基础的农业生产相对置，与此同时，另一方面又作为"亚洲式稻作"促成了亚洲的整体性。即稻作构成了与欧洲的文明价值相对的亚洲价值。

> 　　该稻作地域的人们，即使是在今天，依然对"利润"这种思想冷眼而视。那是其被称作"亚细亚式"的原因之一。在现代，像是主动追求贫困似的那种处世态度，乃农村父兄的道德。那种道德自何而生？唯有阐明这一问题才是消除农村之贫困的根本策略。

> 　　鄙人所谓"亚细亚之根本观念"即取法于水稻种植的生产生活。

关于保田是怎样基于水稻种植建构了亚细亚式价值观的,这里无暇详述。不过,在此仅仅指出一点,即,保田是使用本居宣长的"产灵"与"寄言"等国学概念,[①] 将水稻种植作为襄助神灵、顺应自然的人的技能来把握,并将其置于以自然为对象而运用人工和人力的农业生产的对立面的。即使是在保田以蒙疆为正原点的前进性战争中,宣长的国学理念也具有指导意义,而在以"我的故园"为负原点的后退性战争中,宣长的理念也再次引导着保田。面对具有压倒性优势的汉文明,以"道"与无言的"美知"(自然生成的神之道)这种消极理念来对峙的宣长,被再次想起。不过,这神之道同时作为皇祖天照大神的皇太子所指明的"道",被认为拥有世界上无可比拟的尊贵性。所谓宣长的神之道拥有的作为文明论原理的消极性与积极性,同时被保田继承。襄助神灵、自然的水稻种植原理,成为与欧洲的文明原理进行否定性对抗的亚洲原理。"作为现代概念的,不包含统治、侵略与政治的,对那一切恶进行否定的亚洲,作为一种原理,此时早已被发现。"保田此言中所谓的"此时"即"宣长之时"。保田的绝对和平论已经存在于那里:

> 水稻种植的现在的组织形式并非单纯的前代遗留的半封建式结构。被这样认识、定义的组织形式不能成为永久和平的原理——这一点从来都没有被证明过。所谓成其为绝对和

[①] 这里的"产灵"和"寄言"在日语原文中分别写作"むすび"与"ことよさし"。"むすび"是指"产灵",即孕育天地或神灵的神力,"ことよさし"汉字可写作"事寄さし"或"言寄さし",即神灵指令人类做某种事情。——译注

平之基础的生活是指什么?如果将亚洲稻作文化的每个生产生活者排除在外,那么任何地方都不存在成其为和平根基的生产与生活方式。

置身蒙疆的保田说即使"这场战争无偿而终",建立在亚洲的我国士兵的征战纪念碑也不会消失,但战争是以日本失败而告终。日本战败之后究竟在亚洲留下了什么?日本战败之后的亚洲是什么?这一次保田依然通过作为战败日本之负面底层的"我的故园"来思考战争的延续。作为负面底层的"我的故园"以水稻种植为中介,在自己身后再次唤起"亚洲",成为新的文明论之战的负的原点。如果文明意味着物欲、财富与暴力,那么以"我的故园"为负的原点的战争即为精神之战、非暴力之战。现在,水稻种植的亚洲作为绝对和平的基础而苏醒了。在以蒙疆为正原点的战争中,"八纮一宇"的口号覆盖了亚洲;在以"我的故园"为负原点的战争中,亚洲作为绝对和平的基础而复活。昭和二十五年(1950),保田写下了这种"为日本祈祷"的词句:

> 现在依然相信亚洲文明之理念、道义及其生命的亚洲的诸种精神。尽管承认亚洲的悲惨命运与悲剧,但勇气一点都没有丧失。那勇气的使命,以及那明日的光荣,都没有丧失。日本乃亚洲这种自我意识——我为日本祈祷这人伦与道义的恢宏。①

---

① 前引《为日本祈祷》的《后记·一》。

第八章
日本现代批判与"奴隶论"视角
——竹内好与两个鲁迅

> 必须体验自己是奴隶这种自觉的状态,而且必须忍受那种恐怖。
>
> 那些国粹、日本等,驱逐的是欧洲,而不是驱逐承载着那欧洲的奴隶性结构。
>
> ——竹内好《中国的现代与日本的现代》

一 欧洲的自我运动

"欧洲为了是欧洲,它必须侵入东洋。那是与欧洲的自我解放相伴随的必然的命运。通过与异质之物相碰撞,反过来自己被确认。"——人民共和国即将成立的时候,即 1948 年,竹内好在战后日本这样说。那是在题为《中国的现代与日本的现代——以鲁迅为线索》①的论文中。这篇论文展示了竹内好在战后日本对于以欧洲中

---

① 竹内好:《中国的现代与日本的现代——以鲁迅为线索》,收入《日本与亚洲》,《竹内好评论集》第三卷,筑摩书房 1966 年出版。另,据说此文为应《东洋文化讲座》第三卷《东洋社会伦理之性质》(白日书院,1948)之稿约而写,后收入竹内的《现代中国论》(河出书房市民文库,1951)。

心式世界为中心的诸问题的敏锐洞察——在欧洲的自我实现这一运动中，前进欧洲自身的自我确认是成立的，对此进行抵抗的东洋的"东洋之为东洋"这种自我确认同样成立。竹内在文中是围绕欧洲的合理主义信念展开论述的。欧洲的自我实现运动是侵入东洋。这种对于东洋的侵入在东洋引起了抵抗，那抵抗也反作用于欧洲自身。不过，"尽管如此，也未能动摇那种彻底的合理主义信念——那是一种可以将所有东西在终极意义上对象化并且能够提取的信念"。

竹内所谓的合理主义意味着理性运动——该理性运动包含着试图通过分析、认识的理性将一切事物对象化的认识冲动，与将对象作为被语言化的知识而纳入己方的征服冲动。所以竹内好又说："对于我而言，能够将一切东西提取出来这种合理主义的信念是恐怖的。与其说合理主义的信念恐怖，不如说使那种信念得以成立的、合理主义背后的那种非合理意志的压力更为恐怖。"是这种认识冲动或者征服冲动，使现代欧洲的东洋学即"支那学"或日本学得以成立。不言而喻，现代日本也将该合理主义认识冲动与征服冲动据为己有。日本的东方主义也由此而成立。竹内本人从中学习并与之分离、后来厌恶的"支那学"，也是作为日本东方主义而成立于近代日本。[①] 日本东方主义并非仅仅对于中国的古典文献世界表现出认识、征服的冲动，20世纪的中国社会也同样成为现代日本社会科学等的认识对象的世界。如果用竹内好的表达方式来说，那就是帝国日本入侵中国的自我运动，也是基于日本式学问与知识的

---

① 关于作为日本东方主义的"支那学"的成立，请参阅《现代知识与中国认识——关于"支那学"的成立》，收入《日本现代思想批判》，岩波现代文库，岩波书店2003年出版。

合理主义运动对于中国的入侵。

不过，现在我这一章之所以从竹内好的言论——关于与欧洲的自我实现运动相伴随的合理主义式知识扩张欲求的言论——写起，是因为读到了那位竹内好最近成为欧洲日本学之认识对象的报道。对于欧洲式知识背后存在的征服性认识冲动进行批判的竹内好，成了那个欧洲的日本学的认识对象，这是一件奇妙的事情。据报道，2004年9月在德国的海德堡大学召开了以竹内好为主题的国际研讨会。① 此事及时地由该研讨会邀请的讲演者松本健一在报纸上进行了报道。其后，依然是受到此次研讨会邀请的加加美光行等人，举办了日本版的竹内学术研讨会（爱知大学，2006年），会议论文集《超越虚构的民族主义——重新思考竹内好》也在2007年出版。松本在报纸上赞扬德国那场长达五天、世界上第一次"竹内好国际研讨会"的划时代性。加加美也撰文，称自己参加此次学术研讨会

---

① 关于此次国际研讨会，松本健一迅速地在《朝日新闻》上进行了报道。（见2004年10月5日《朝日新闻》"夕刊"）。说是国际研讨会"竹内好——思考了存在于亚洲的另一种现代化的思想家？"由海德堡大学与德日研究所共同举办，2004年9月6—10日召开，德、荷、美、中、韩、日等国的学者与海德堡大学的学生们都参加了。松本在会议最后一天以《竹内好"日本的亚洲主义"与现代》为题发表了讲演。该研讨会的题目中为何要加问号？我不知道原因，故原样抄写了松本的报道。带着问号被主题化，大概是这场研讨会的实际情形。由于同样被该研讨会邀请的加加美光行的努力，应当称作此次研讨会日本版的会议在爱知大学召开（2006年6月30日—7月1日），会议论文与记录被编为《超越虚构的民族主义——重新思考竹内好》一书刊行。鹤见俊辅、加加美光行编，日本评论社2007年出版。书中，加加美光行充满感动地讲述了德国的那场研讨会。

品味到了深深的幸福感。① 据松本说，这场在德国举办的竹内研讨会打出的正式标题为"竹内好——思考了存在于亚洲的另一种现代化的思想家？"。不过，题目中为何会有问号？关于该问题松本与加加美均未做任何说明。那个问号当然不会是针对"所谓竹内好，是思考了另一种现代化的思想家吗"这整个标题打出的。那个问号提出的，是正面的、积极性问题"另一种现代化为何物？"，还是负面的、消极性问题"是否存在着另一种亚洲式现代化？"，这一点并不清楚。或者，这个问号也许整体上暧昧地包含着我所谓"当然不会"的对于整个标题的疑问，以及我提出的两个具体问题。大概应当认为，这个问号反倒是显示了来自欧洲或德国的、面向竹内好的那种认识与关心的实质。"日本好像是存在着与脱亚入欧式现代化唱反调的竹内好这位思想家，他究竟是怎样的人物？"——会议名称难道不是显示了这种程度的认识愿望、问题意识吗？那表明的完全不是试图从欧洲无限的自我扩张之路进行转变的现代德国的自我反省态度，也不是与"冷战"后的世界史地壳变动相呼应的、产生于德国的、对于亚洲的关心之情形。由欧洲自身进行的、对于近代欧洲帝国主义式知识进行彻底反省与批判的运动，如果曾以竹内好为对象，那种情况下我大概会说他们"理解了竹内好"。我本人对于欧洲尤其是德国的东洋学·日本学的实际状况有体验性的了解，现在，我对于他们面向亚洲的认识性关怀，和对于竹内好一样，均持十分怀疑甚至否定的态度。

---

① 据前引松本的新闻报道和加加美光行为《超越虚构的民族主义——重新思考竹内好》一书写的序。

二 "竹内好"这一问题

我这里所谓的"'竹内好'这一问题",并不是为了回应那种国际性的关心而建构出来的。当然,在 21 世纪的现在,在国际性的关注之中被制造出来的"'竹内好'这一问题"是什么?——这一问题作为问题引起了我的兴趣。因为这一问题告诉我试图在现在的日本将竹内好问题化的人们的思想关怀所在。那种关怀,直接说,就是存在于对德国的竹内研讨会怀有期待并进行呼应,在当下日本再次进行竹内好讨论的人们那里的、追求"另一种现代,或者亚洲式现代"的这种思想性关怀。不过,关于他们违背竹内好的本意、追求实体性"亚洲式现代"的思想性关怀,则应当作为后竹内式问题重新进行思考。但我说的"'竹内好'这一问题"不是那样的问题。

竹内好在战争正在进行的昭和十年代借助鲁迅深化了自己作为文学家的自我理解。而且,那位竹内好在战败后的昭和二十年代,又是借助那位鲁迅对身在亚洲的日本人的自我认识进行严厉的追问。经前一个竹内好之手,《鲁迅》[①] 一书被撰写出来,而后一个竹内好则撰写了前引《中国的现代与日本的现代——以鲁迅为线索》等论文。竹内将前一个鲁迅移入战败后的日本,设定为对日本与日本人——在战后依然继续追求与欧美式现代的同一化的日本与日本人——的自我意识进行根本性批判的基轴。我将其称为"奴隶论"的视角。从这种由两个鲁迅构成的"奴隶论"视角出发,竹内好挖

---

① 竹内说:"《鲁迅》是 1943 年为日本评论社的'东洋思想丛书'而写,1944 年末,在我出征期间出版。"见创元社文库版《鲁迅》"后记"。

掘出了身在亚洲的日本所缺少的自立基础。即通过这一视角，竹内好建构了有关战后日本最具批判性、否定性的话语。——他说："即日本什么都不是。"① 竹内好借助这两个鲁迅、在战后日本论述的话语及其问题，即我所说的"'竹内好'这一问题"。

竹内在这篇《中国的现代与日本的现代——以鲁迅为线索》中，通过引用鲁迅的寓言故事《聪明人和傻子和奴才》②而展开其"奴隶论"。③这种借助鲁迅《聪明人和傻子和奴才》的议论的展开，在显示存在于竹内好这里的前一个鲁迅如何在后者即昭和二十年代战后日本竹内好的阐述中被再生产方面，是一个重要事例。现在，鲁迅的这篇寓言性文章，被用建构竹内好否定性反语式文脉——针对在亚洲继续做"优等生"的日本的否定性反语式文脉——的形式引用。关于"优等生"日本，竹内好这样说：

> 从战败的教训中醒来的劣等生大概会学习优等生，变

---

① 这里且引用将此语作为结束语的竹内好的文章。"就是说，没有希望保持自己这种愿望（没有自我本身）。所谓没有抵抗，即日本不是东洋式的，与此同时，没有自我保持的欲求（没有自己），即日本不是欧洲式的。即日本什么都不是。"见《中国的现代与日本的现代》。

② 鲁迅的这篇寓言性散文收入《野草》。竹内称作散文诗集的《野草》1927年由北新书局出版。我阅读的是《鲁迅选集》第一卷（岩波书店1964年修订版）所收的竹内好译文。另，鲁迅开始在《语丝》周刊连载《野草》是1924年12月。

③ 竹内好在阅读鲁迅《聪明人和傻子和奴才》一文的时候，将"奴才"一词误读为"奴隶"，本章也是依据竹内好的翻译展开论述的。竹内好的这个误读造成了许多问题，详见本书《竹内好的"现代"话语（代译后记）》。——译注

得聪明起来。优等生文化大概会繁荣起来。日本意识形态中没有失败。原因在于那是甚至能够将失败转化为胜利的优秀精神力量的凝聚。看吧！看这日本文化的优越性。日本文化万岁！

竹内好所说的这种亚洲的"优等生-劣等生"的文化优劣对比，被转换为文明论式的进步与退步的对比，进而这种对比也将政治性的统治与从属关系纳入其中。最后，那种对比在竹内这里被用主人与奴隶这种终极性的对比叙述出来。不言而喻，构成这对比的修辞性系列之前提的，是东与西、亚洲与欧洲这种地缘政治学式的对比。如前所述，在竹内好这里，这种对比使用的是主人与奴隶的对比，因此鲁迅的那篇文章被引用。竹内好将鲁迅的寓言性散文《聪明人和傻子和奴才》作为《聪明人和傻瓜和奴隶》，进行了如下归纳：

奴隶因为工作辛苦，总是抱怨。聪明人安慰他说："你很快会交好运。肯定的！"但奴隶生活辛苦，这次对傻瓜鸣不平："让我住的这间房，连窗户都没有。"傻瓜说："给主人说一声，要他开个窗不就得了？"奴隶回答："哪能干那种事情！"傻瓜很快来到奴隶家，开始挖墙。"您这是干什么？""给你开个窗户啊！"奴隶阻止，但傻瓜不听。奴隶大喊、求助。奴隶们出来赶走傻瓜。奴隶向最后出来的主人报告说："小偷来砸我这间屋的墙，是我先发现的，大家一起把他赶走了。"主人表扬他："干得好！"聪明人听说主人家遭了小偷，来探望，奴隶向聪明人致谢，说："还是先生您有眼光！主人表扬我了。我时来运转了！"聪明人也似乎高兴地回答:"大概是那样吧。"①

聪明人仅仅是给了奴隶救助的幻想。奴隶赶走傻瓜之后,越发沉溺于奴隶意识的同时却说自己交了好运——聪明人与奴隶同时拥有了那好运的幻想。傻瓜相信救助奴隶是可能的并直接付诸行动,但他不知道其行动被奴隶背叛,造成了使奴隶越发安于奴隶状态的结果。奴隶尽管说自己交了好运,但实际只是继续做讨主人欢心的奴隶。那么,面对这奴隶,鲁迅是什么?是仅仅给予那种幻想的聪明人?还是直接行动的傻瓜?他果真可以说自己并非二者中的任何一方吗?不过,因为知道二者都被奴隶本人背叛、否定,所以才会有这篇包含着1920年代的文学家鲁迅之自我讽刺的寓言散文《聪明人和傻子和奴才》的吧。所谓奴隶,作为中国社会之奴隶性黑暗状态,曾经是文学家鲁迅不得不依据的沉重现实条件。可是,在该现实条件之中,身为文学家究竟意味着什么?那才是昭和十年代的竹内好在《鲁迅》中竭力探究的主题。②

通过昭和二十年代的竹内好,鲁迅与其《聪明人和傻子和奴才》,怎样被置于那种使用"优等生"与"劣等生",或者主人公与奴隶这种对比所进行的现代日本批判的文脉之中,使用"奴隶论"主题重新阐述?讨论该问题之前,我们首先必须看看昭和十年代竹内好的鲁迅。

---

① 这里是按照竹内好在《中国的现代与日本的现代》一文中的表述进行的归纳。
② 这里的"昭和十年代"是指昭和十一年至昭和二十年(1936—1945)。——译注

三　昭和十年代竹内好的鲁迅

竹内好的《鲁迅》被视为名著。不过，人们通过这本《鲁迅》会了解鲁迅吗？通过这本《鲁迅》，人们即使能够了解被竹内阅读或者必须被竹内阅读的鲁迅，大概也无法了解鲁迅本人。如果有人说即便如此亦未尝不可，那是因为那种人认为只有被竹内阅读的鲁迅才是有意义的。昭和十年代的竹内好努力从鲁迅那里读出的，或者说他试图在鲁迅那里追究的问题，是在中国的那个时候，即孙中山的国民革命正在进行并遭受挫折、分裂、混乱的这个时期，鲁迅为何是文学家？竹内对鲁迅提出的这个问题，也是竹内置身昭和十年代的日本、等待应征入伍并被派往战地的命运的时候，对他自己提出的问题。通过竹内好"鲁迅曾经是文学家，最为文学家"这句话，如同武田泰淳所说，我们必须"读出他当时的苦衷与决心"。不过，我并非试图通过指出竹内好的《鲁迅》当然是他本人所理解的鲁迅这一事实，来贬低他这本书的价值。毋宁说，我知道从竹内好的这种读法中产生的"鲁迅这一问题"的沉重性。我们从竹内《鲁迅》一书中阅读的，既非鲁迅评传，亦非鲁迅作品解说，而是竹内解读出来的"文学家鲁迅"这一问题。

关于鲁迅，竹内说"想知道本源之物是什么"。即"想知道的并非思想、创作行为、日常生活、美学价值之类，而是使这许多东西成为可能的本源之物"。关于鲁迅及其文学，追寻其"本源之物是什么"这种提问方法，是竹内好的鲁迅论特有的。因为竹内好是怀有对于人的本源的追问的文学家与思想家。例如，他说："鲁迅文学的根源，是应当被称作'无'的某种东西。获得那种根本性的自觉，使他成为文学家。"还说："他不断地从自我生成的底部涌出，涌出的他总是他。等于说那是根源性的他。我将那个称为文学家。"就像在竹内好的鲁迅论当中一样,在战前的日本,将人的本源、存在的根本与起源等问题话语化的,是禅宗的存在论哲学家们,或者是用诗进行浪漫主义文学运动的诗人们。我在此之所以这样努力地将竹内追本溯源的话语一般化,是因为面对着拒绝共有那种取向者之外的理解的竹内好的那种文章。本源志趣者的话语,具有只允许在其共鸣者那里重新建构的性质。所谓竹内好的只允许在追随者那里进行再生产、以鲁迅为中心的话语,举例言之有如下这些:

> 问题是,他一生中唯一的时机,他获得文学自觉的时机,换言之即获得死之自觉的时机,是在何时?

> 假如绝望亦为虚妄,人做什么才好呢?绝望于绝望的人,除了成为文学家,别无他法。必须通过不依赖任何人、不将任何人作为自己的支柱,而将一切作为自己之物。

> 鲁迅曾为文学家,无可比拟的文学家。他是启蒙者、学者、政治家,但他通过文学家身份,即通过丢掉那些身份,那些身份作为体现。……他有一种除了称其为文学家而无法命名的根本态度。

> 在孙文那里看到了"永远的革命者"的鲁迅,在"永远的革命者"之中看到了自己。……不失败的革命并非真正的革命。革命之成功并非喊叫"革命成功!",而是相信永远的革命并将现在作为"革命未成功"而废弃。

游离于政治者并非文学。通过在政治中看到自己的影子、废弃那影子，换言之即通过意识到自己的无力，文学方成其为文学。

这里引用的段落，都是那种释义式、同义反复式的语句，是具有那种拒绝被简单解说之性质的语句。那些语句各不相同，或者是通过"绝望"，或者是通过"革命"，或者是通过"政治"进行论述，但那些话语是由具有同一性质的语句组成的。即反语式的、彻底否定式的文章。借助否定性、反语式语言进行的表达，显示其背面存在着发言者所具有的对于根源性真实之物的探究愿望。总是用反语式的而且是否定式的，即为探究真实之物而展开的这种语言形式，属于浪漫派。浪漫派追求的语言形式，在竹内好这里终生都没有改变。不过，我在这里并非通过将竹内话语看作浪漫派式的而给予竹内以怎样的思想评价。毋宁说，通过将竹内话语看作浪漫派式的，能够更清楚地理解在昭和十年代的战时日本竹内好带来的话语的特征，理解他在昭和二十年代的战后日本带来的现代批判话语的特征。对于只允许反复重新建构的主观性、追求本源的话语，我们只有使用特定方法来处理。

在这里，竹内是使用否定性、反语性的语言来探求本源性的鲁迅、真正的鲁迅，即文学家鲁迅，并展开叙述。那么，竹内与竹内这里的鲁迅，相对于什么而言是反语性的、否定性的？革命正在进行、受挫、失败于其中的世界，还有人们"成功！""失败！"不停吵嚷着的现实政治世界，被那样的世界所操控的自己的影子——面对这些，竹内和鲁迅一起做出了反语式的回应。反语式地对应现实政治世界，就是在将与那个世界的功利性关系全部消解之处，找到所谓作为无用者的自己的位置。那是反语性的文学的或者反语性的文学家的位置。但是，所谓指向现实政治世界的、作为反语性无用者的文学家，反转过来成了发现文学——从根本上与那个政治世界绝对相关的那种文学——的人。那文学家并非在现实政治世界中蠢蠢欲动的冒牌文学家，而是真正的文学家。那文学是永久革命，是真正的政治，因而是真正的文学。这样，这所谓"真正的文学"即成为绝对的政治性话语。这与保田与重郎用诗歌阐述日本根本性变革的浪漫派话语所阐述的东西相同。竹内好说：

> 所谓真正的文学，是在政治中废弃自己的影子。可以说，政治与文学的关系是矛盾性的自我同一关系。……真正的文学不反对政治，只是唾弃用政治支撑自己的文学。唾弃在孙文那里看不到"永远的革命者"，而只看到革命的成功者或革命的失败者的文学。若问为何唾弃，是因为那种相对的世界是"凝固的世界"，不能进行自我生成，因此文学家必须灭亡。文学产生的根本性场所，总是要被政治卷入。那是为了使文学之花能够开放的严酷自然条件。

昭和十年代的竹内好使用浪漫派式的反讽性语言描绘出了真正的文学家鲁迅。那是一边在绝望的现实政治世界中作为无用者否定性地保持自我，一边针对那现实世界作为根本性的永远革命者而存在的文学家鲁迅。那也是不得不生活在战争这种严酷的日本现实中的竹内好阅读出来的文学家鲁迅。竹内是将这本《鲁迅》的出版托付给武田泰淳之后走向战场的。竹内本人也说："在明日之生命难以保障的环境中，竭尽全力把我唯一想写的东西写出来，写的就是这本书。"①

四　昭和二十年代竹内好的鲁迅

竹内好并非将鲁迅置于 1920 年代中国的政治与文学的现实状况之中来撰写《鲁迅》。毋宁说，他是在努力拒绝那种写法的同时来把握身处绝望的现实之中却决心作为文学家而存在的、本源性的鲁迅。所谓文学家鲁迅，就是将与现实的相对性政治关联作为虚假之物而废弃的、真正的鲁迅。不过，身处昭和二十年代的战后日本的竹内好，将鲁迅置于从破产到重建的、动荡的日本现代史的历史状况之中，以之作为自己对于即将再次作为虚假之物重建的日本进行反语性批判的基点。在这里，我们能够再次回到鲁迅的那篇寓言性散文《聪明人和傻子和奴才》。

1948 年的竹内好将这个寓言命名为"聪明人和傻瓜和奴隶"，由此展开了其"奴隶论"。所谓"奴隶论"，如同前面已经论及的，是以文化层面的"优等生"与"劣等生"、文明层面的进步与落后、政治层面的统治与从属、社会身份层面的主人与奴隶等一系列的对比作为前提建构的、对于日本现代进行历史批判的话语。这一系列的对比将东方与西方、亚洲与欧洲这种地缘政治学对比作为前提而共有——这一点前面已经论述过。即日本的战败使地缘政治学式的"东方／西方"论再生于战后日本。"东方／西方"论，即这样一种言论——日本的现代化只要曾经是西洋化，它就会在现代日本

---

① 创元社文库版《鲁迅》"后记"，收入前引《竹内好全集》第一卷。

的形成过程中反复死灰复燃。如果从竹内好的立场来说,这战后式"东方／西方"论即成为对于战后日本的主导性立场的否定性言论。——这种立场不是将战败作为从根本上改写日本现代史的好机会,而是将本为西方"优等生"的日本原封不动地,或者作为更彻底的西洋式国家社会进行重新建构。前引竹内好所谓"从战败的教训中醒来的劣等生大概会学习优等生,变得聪明起来。优等生文化大概会繁荣起来。日本意识形态中没有失败"这种尖锐的讽刺性发言即由此而生。在竹内好这里,促使其将"东方／西方"论作为对"欧洲式现代／日本式现代"进行彻底批判——就像我们从其讽刺性发言中看到的那种批判——的话语进行重新建构的,是源于鲁迅"奴隶论"的某种观念。而且,通过发现人民中国的即将成立与浩荡的亚洲民族主义浪潮的涌起,竹内好指向战后日本的"奴隶论"话语的批判性变得更为强烈。

在鲁迅的那篇寓言中,奴隶对于聪明人给予的救助幻想充耳不闻,并且阻止傻瓜的直接行动,因而继续做奴隶。关于这个继续做奴隶的奴隶,竹内好这样说:"奴隶,拒绝身为奴隶的事实,同时拒绝解放的幻想,怀有自己是奴隶这种自觉而在做奴隶,那是从'人生最苦痛的'梦中醒来时的状态。"这里所谓的"人生最苦痛的",是鲁迅关于走出家庭之后知道自己无路可走、觉醒的娜拉所说的话。① 竹内是将那篇寓言中的奴才看作"怀有自己是奴隶这

---

① 《娜拉走后怎样——一九二三年十二月二十六日在北京女子高等师范学校文艺会讲》,收入《坟》。见《鲁迅选集》第五卷,岩波书店 1964 年修订版。鲁迅这样说:"人生最苦痛的是梦醒了无路可以走。做梦的人是幸福的;倘没有看出可走的路,最要紧的是不要去惊醒他。"

种自觉"而继续做奴隶的觉醒奴隶。那是尽管已经觉醒但依然忍受继续做奴隶之痛苦的奴隶。竹内把鲁迅与那觉醒的奴隶重叠在一起,说:

> 怀着自己是奴隶这种自觉而做奴隶,那是从"人生最苦痛的"梦中醒来时的状态。就是无前行之路而必须行走,或者不如说恰恰因为没有可走的路才必须前行这种状态。他拒绝自己是自己,同时拒绝自己是自己之外的东西。那是存在于鲁迅那里并且是使鲁迅自身得以成立的绝望的意义。绝望,显现于走无路之路的抵抗之中,抵抗作为绝望的行动化而显现。那作为状态来看即绝望,作为运动来看即抵抗。①

从鲁迅那篇寓言《聪明人和傻子和奴才》中读出这里表述的这种觉醒了的奴隶,可以说是一种牵强的解读。进而将那觉醒的奴隶与觉醒的鲁迅重叠起来,则是双重的牵强附会。如果从那篇寓言中的三个人物与鲁迅的关系来说,三者大概都是恰如其分的鲁迅。而且,还存在着另一个对此进行审视的文学家鲁迅。大概是从那里,这篇包含着对于置身1920年代之中国的自我进行讽刺的寓言才出现的。但是,竹内并不那样解读。竹内说:"我认为,可以将此文作为鲁迅就被唤醒的状态而撰写的作品来认识。"鲁迅的那篇寓言《聪明人和傻子和奴才》被竹内好作为新的寓言故事《聪明人和傻

---

① 包括这段引文在内,这里的竹内言论是根据前引《中国的现代与日本的现代——以鲁迅为线索》,见《竹内好评论集》第三卷。

瓜和奴隶》重新讲述。这样，所谓奴隶即尽管觉醒于自己的奴隶身份但并未使自己迷失于解放的幻想而继续做奴隶之人，也就是成为试图走无路之路的抵抗者。而且，鲁迅被与这觉醒的奴隶叠印在一起。上面引用的竹内好讲述觉醒奴隶的语言，已经是就鲁迅而发的言论。昭和十年代的竹内好所把握的，作为本源性、真实性存在的文学家鲁迅，被昭和二十年代的竹内好作为身处令人绝望的现实之中而继续坚持自己、虽无路可走却努力继续前行的真实的抵抗者重新把握。这是虚构的、被制造出来的鲁迅。但是，对于竹内好而言，这种鲁迅是必要的。就像战后的保田与重郎将虚构的"我的故园"作为以19世纪式现代之终结为对象的、文明论之战的战略据点，① 竹内好是将虚构的"觉醒的奴隶／鲁迅"作为指向"欧洲式现代／日本式现代之超克"的思想之战的战略据点而使其发挥作用。那么，竹内以此为据点展开了怎样的斗争呢？

五 "奴隶论"式的现代批判

竹内展开的"奴隶论"式的日本现代批判，已经包含着这里所说的"东方／西方"这种地缘政治学框架。那一框架曾经是由文化层面的"优等生"与"劣等生"、文明层面的进步与落后、政治层面的统治与从属、社会身份层面的主人与奴隶这种对比构成的。而且，这种对比是以拥有欧洲与亚洲作为终极性前提的。不过，竹内已经将这里所说的现代世界史作为欧洲的自我扩张过程来把握。即

---

① 关于战后的保田与重郎，请参考本书第七章《即使战争无偿而终——保田与重郎的战时与战后》。

把它作为欧洲将亚洲纳入其中，使世界史得以形成的过程。这一所谓欧洲自我扩张的世界史，即欧洲胜利的过程、亚洲失败的过程。但是，并非从一开始就存在着欧洲，存在着亚洲。竹内好是说，欧洲通过在亚洲获胜而完成自己作为欧洲的自我确认，亚洲则通过失败认识亚洲。这是竹内好关于欧洲中心式世界史的敏锐洞察。不过，亚洲的失败即亚洲的欧化。亚洲由于欧化而失去自我。但是，亚洲不停地失败，却通过不停的持续抵抗而得以继续拥有自己（亚洲）。竹内是说，如果存在着能够为作为欧洲世界史的世界史式的形成过程提供异质性内涵的，那就是这种亚洲的抵抗。"看上去是这样：东洋通过进行持续性的抵抗，一边被欧洲式之物作为媒介，一边不停地产生超越欧洲式之物的非欧洲式之物。"

基于这种围绕现代世界史的历史认识，竹内好在此使用"奴隶论"来建构批判日本现代的话语。所谓"奴隶论"，就是这样一种否定性话语——将奴隶作为话语建构的基点，批判并彻底否定了作为奴隶性的既存文化与思想。竹内将那个奴隶作为"奴隶＝鲁迅"的理解进行重新建构，在1948年的日本展开了对日本现代的奴隶性进行彻底批判的否定性、反语性话语。被称为反语性的话语，是因为这种话语在否定性的背后存在着对于真正之物的追求。"奴隶论"这种批判性的话语，逻辑性地包含着主人与奴隶之间的"役使奴隶者越发是奴隶式的"这种奴隶性质的颠倒，与此同时，它又以社会最底层奴隶为基点，使那种话语的否定式批判性彻底发挥。进而，由竹内设定的"奴隶＝鲁迅"这一基点自身，表明了事态发生本质性颠覆的可能性。所谓觉醒了的奴隶，即在持续抵抗之中保持自我的奴隶。恰恰是借助于觉醒的奴隶这一主体，事物的本质性变革才成为可能。尽管被另一位主人支配，但连自己是奴隶都不知道，即冒牌货的主人这种奴隶是名副其实的、具有奴隶根性的、丧失了自我的奴隶。对于日本——脱亚入欧式地、追随欧洲式地完成了现代化，战败之后依然继续将那种现代作为完美之物的日本——的彻底批判由此产生。

> 确立了自己成为欧洲、成为更好的欧洲乃逃生之路这种观念。就是说，试图通过自己成为奴隶的主人而摆脱奴隶身份。一切解放的幻想都是产生自那个运动的方向。而且，在今天，解放运动自身沾染上了未能彻底摆脱奴隶性那种程度的奴隶根性。……未处于被唤醒的痛苦之中而试图唤醒对方。所以，无论怎样努力，主体性都无法确立。……这种主体性的缺乏，来自自己并非自己自身。所谓自己并非自己自身，是因为放弃了自己自身这一事实。

这里，竹内所谓"是自己自身"即觉醒于身处亚洲的奴隶式自我本身这种认知。不觉醒于此，换言之即不进行抵抗，在亚洲即不存在日本这一主体。日本并非亚洲，而且并非欧洲。"日本什么都不是。"这是竹内好要说的。竹内好的奴隶论式的、日本现代批判的反语性话语，将什么都不是的日本摆放在我们面前。

但是，日本在亚洲曾经是某种东西。作为在亚洲持续进行了十五年战争的帝国日本存在过。竹内说那个日本不是未觉醒的奴隶之外的任何东西。确实，这是针对现代日本的彻底的否定性话语。不过，这种否定性话语的反语性，已经发现了处于被否定的日本对面的、抵抗的亚洲主体的形成。竹内这里的"奴隶=鲁迅"这一思想据点，大概也是他在观察 1948 年亚洲式主体的生成过程之中被建构起来的。事情已经是以这种亚洲式主体为前提的、竹内好的超克欧洲式现代的问题。那么,对于继续生产不觉醒的奴隶性的战后日本来说,所谓"现代的超克",是伴随着战败已经烟消云散的虚幻课题吗?

第九章
"现代的超克"与战争的二重性
——竹内好与"永久战争"的理念

> 战争乃民族再生之祈祷,战争乃"现代的超克"。
>
> ——龟井胜一郎《现代史的课题》

> 太平洋战争理所当然地被传统赋予了成为"永久战争"的命运。
>
> ——竹内好《现代的超克》

一 "现代的超克"论及其再论

竹内好撰写同题论文作为在战后对"现代的超克"论的重新讨论,是在1959年,即在筑摩书房出版的《近代日本思想史讲座》第七卷《现代化与传统》中。竹内是该卷的编者。他对自己的这篇论文进行解说,曰:"本文由《现代主义与民族之问题》发展而来。我对于战后那种好像是将'现代的超克'论阐述者作为罪恶根源的评价,无论如何难以认同,所以早就打算在何时亲自进行考察。"① 关于竹内这里提及的他本人的论文《现代主义与民族

---

① 竹内好:《日本与亚洲》"解题",《竹内好评论集》第三卷,筑摩书房1966年出版。笔者对竹内《现代的超克》的引用据此书。另,《日本与亚洲》也被作为"筑摩学艺文库丛书"之一种出版,1993年。

之问题》(1951年)，我在本书的《序章 "现代的超克"论》（"现代的超克"第一次连载①）中已经论及。甚至可以说，我的连载著作《何谓"现代的超克"》是从讨论竹内好对他本人论文的解说开始的。在这篇论文中，竹内好在战后第一次将对于日本浪漫派的评价作为问题提出。就像从竹内"包括马克思主义者在内的现代主义者们，避开血淋淋的民族主义而前行"②一语中能够看到的，他对于日本浪漫派的再评价，是试图重新从正面思考战后日本思想界回避、丢弃的"民族主义"问题。不过，他所谓的"民族主义"，就像本书第一章已经论述的，是与"现代主义"含义相反的概念，而不是"日本主义"乃至"国家主义"的同义语。当"现代主义"一词意味着日本人对于欧洲现代文明的强烈依存性与从属性姿态的时候，"民族主义"一词则意味着抵抗欧洲现代文明的亚洲独立性立场。竹内所谓的"民族主义"并非日本主义式与国家主义式的民族主义，但作为追求日本之自立基础的主张，它依然是民族主义。竹内撰写这篇论文的1951年，是《对日和平条约》在中国与韩国均缺席的情况下签署于旧金山的那一年。该和平条约是与《日美安全保障条约》相辅相成的。即日本通过被纳入"冷战"军事战略之内的形式而恢复了独立。这是真正的独立吗？竹内在追究这一问题的同时撰写了《现代主义与民族之问题》一文，以重新讨论日本浪漫派。

1959年被称为"日美新时代的到来"之年，《日美安保条约》

---

① 《序章 "现代的超克"论》，2007年4月号《现代思想》，"现代的超克"第一次连载。
② 竹内好：《中国的现代与日本的现代》，收入前引《日本与亚洲》。

的修订工作由岸信介内阁推动。此次修订意味着当时的日本是自主性地走到了美国的核保护伞之下。就是在那样的1959年，竹内好认为"'现代的超克'作为事件已经过去，但是作为思想并未过去"，撰写了对"现代的超克"论进行战后式再认识的论文《现代的超克》。所谓被再认识的"现代的超克"论，直接说就是《文学界》杂志1942年9月号、10月号两次刊载的"现代的超克"座谈会记录中的相关讨论。就像总结该座谈会的河上彻太郎所谓"在开战一年间的知识战栗之中被制造的"一语所表明的，是"大东亚战争"开战的冲击，促使文学家、知识人举办了这场座谈会，并促使他们将讨论集中到"现代的超克"这个大题目之下。确实，是对英美的开战将日本知识人意识中深层的、潜藏的、郁积的诸多问题全部汇聚到"现代的超克"论之中。这也意味着，"大东亚战争"成为背负着"现代的超克"这一近代以来日本宿命性课题的战争。就这样，"支那事变"发生以来的、怀着最终决战的预感而互相交错的诸多议论——无论是政治学者围绕"东亚协同体"的讨论，还是哲学家们阐述"世界史之立场"的讨论，或者是浪漫主义文学家们表达"诗"之叛乱的讨论，都伴随着开战而对"现代的超克"这一日本近代宿命性课题进行了重新确认，或者进行了重新承担。"现代的超克"是随着"大东亚战争"的开战而形成、与这场战争一起被日本知识人背负的理念，并且是课题。

1959年，竹内认为"现代的超克"的思想尚未过去，发起了对其进行重新认识的讨论。那大概意味着背负"现代的超克"这一理念、被称作"大东亚战争"的那场战争本身，在思想意义上尚未过去、尚未被清理。确实，《旧金山和约》解决了战争问题，日本已经回归"冷战"状态下的国际社会，经济方面也走上了复兴之路。但是,《日美安保条约》的修改问题,再一次促使人们质疑战争的处理方法。已经得到解决的难道不是被称作"太平洋战争"的对英美的战争吗?不正是在这种战争处理方式的延长线上才有了现在的战后日本吗?这样,竹内好对于"现代的超克"论的重新讨论,则不可避免地具有"大东亚战争"论的性质。

二 战争的二重性(一)

阅读竹内好重新讨论"现代的超克"的文章,大概会注意到文章的另一主题是"大东亚战争"。当初,我曾经认为这种"大东亚战争"论大概是从其"现代的超克"再论中派生出来的次要问题,而且从其展开讨论的逻辑来看也确实是那样。不过,我在撰写本书的过程中重新阅读竹内好的相关论述,①认识到恰恰是"大东亚战争"论本身才是竹内本人的"现代的超克"论。我在本章开头处那样开始论述,就是为了对此进行再确认。竹内在"现代的超克"再论中,引用了龟井胜一郎在战后十周年的时间点上反省日本现代史的发言。需要说明的是,那场座谈会的主要发言者龟井胜一郎也是日本浪漫派之一员,龟井的战后式发言在竹内好对于"现代的超克"论的重新讨论中具有重要意义。

> 所谓战争,对于当时的我来说,必须是意味着针对被"现代化"之日本的精神病状的抵抗与康复的事件,必须是

---

① 本章中所谓的"再论",是指竹内好重新认识"现代的超克"论的论文《现代的超克》。

克服前文所述那各种危机的意志、潜藏着民族起死回生之愿望的事件。战争乃民族再生之祈祷，战争乃"现代的超克"。在那种直接行动中，无数战死者作为一种实现了"纯粹性"的神圣之物映现在我的眼中。①

竹内引用了龟井的这段发言，进而指出："现代的超克"问题在显示"无论如何，如果不包含着对于战争的重新解释与重新评价即无法展开这一点上，龟井的这种发言是重要的"。龟井是说"现代的超克"这一理念之中包含着对于日本民族之再生的祈祷，即前面那场战争承担着这一理念。如果"现代的超克"依然是战后十周年之际日本人的课题，那也就意味着战争在思想的层面上同样尚未被清理。竹内将龟井文章的结论推演至此，进而承担起"战争的重新解释与重新评价"这一课题。而且，竹内引用了龟井对"现代的超克"座谈会上中国问题的缺席进行反省的那句话——即"现在回首望去，自己也感到吃惊的是，中国在任何意义上都没有成为问题"，将此作为围绕战争之二重性的问题展开了论述：

龟井排除普通战争这种思考方法，从战争之中抽取出对中国（以及亚洲）的侵略战争侧面，主张仅仅承担那个侧面或那一部分的责任。如果仅就这一点而言，我要支持龟井的观点。那场大东亚战争，是殖民地侵略战争，同时也是对帝国主义的战争。这两个侧面在事实层面上曾经被一体化，但在逻辑层面上必须加以区分。

---

① 竹内所引龟井的文章出自《现代史的课题》一书，中央公论社 1957 年出版。

第九章 "现代的超克"与战争的二重性

　　竹内将"大东亚战争"的二重性问题作为龟井的思考方法进行表述，但实际上那并非龟井所言。龟井谈的是尽管置身东洋但努力作为西洋而存在的、明治以来的日本的二重性，谈的是那种二重性长期以来决定着日本人蔑视中国的情感，而没有说将日中战争作为侵略战争并承担战争责任。① 可以认为，战争的二重性问题是在竹内好——从龟井那里接受了"战争的再解释、再评价"的竹内好——这里被展开的。与龟井的关系暂且不论，竹内谈的是"大东亚战争"的二重性。他说"大东亚战争"作为对中国（以及亚洲）的战争是侵略战争，但作为对英美的战争是帝国主义对帝国主义的战争。后来，竹内在《关于战争责任》这篇短文中，使用对这种战争的二重性进行再确认的方式，阐述道："（我）提出了日本所进行的战争的性质是侵略战争同时又是帝国主义对帝国主义的战争、该二重性起源于日本近代史的特质这种假说（《近代日本思想史讲座》第七卷《现代化与传统》）。因此，对于侵略战争的一面，日本人有责任，但关于对帝国主义战争的一面，不应主张仅仅是日本人单

---

① 龟井在座谈会上指出"中国"完全没有被作为问题之后，说："我觉得，即使是在讲述'东洋'的时候，那也仅仅是欧洲式意义上的、甚至是呈现为被欧洲人所触发那种形式的'东洋'。可以说不曾有过将东洋置于东洋而发生自觉的要素。'日本'被从东洋分割了。"龟井是将身处东洋而不得不作为西洋式日本而独立的近代日本所背负的命运性矛盾作为"日本现代化的悲剧"而发出慨叹的。限于我阅读的范围而言，龟井这里没有涉及对于侵略中国的战争责任的记述。就像"我们对于朝鲜人、中国人等的侮辱感，是在很长时期内形成的"一语所表现的，龟井一直将此作为"日本现代化的悲剧"来记述。见龟井胜一郎：《日本现代化的悲剧》，收入前引《现代史的课题》。笔者在引用的时候按照竹内的引文调整了假名用法。

方面承担责任。"① 这里，竹内明确表示前文所谓的二重性这种对于"大东亚战争"性质的界定是他本人提出的假说。

但是，对中国的侵略战争与对帝国主义的战争这种对于"大东亚战争"二重性的界定，作为对于整场战争之性质的二重性的界定，果真能够成立吗？

三 战争的二重性（二）

日本进行的战争具有"是侵略战争同时又是帝国主义对帝国主义的战争"的二重性这种把握方法，在战争责任论的上下文之中也许能够成立。如同竹内所言，主要以英美为敌手的战争可以说是帝国主义对帝国主义的战争，是彼此无异的战争，并非东京审判所判定的、失败者被以"文明"的名义进行审判的那种战争。但是，对中国的战争是侵略战争，日本显然负有责任。从责任论的上下文来分析，这种战争的二重性或许能够成立。但是，那难免流于大而无当、十分空泛的论述。

所谓帝国主义国家之间的战争（两次世界大战）乃帝国主义霸权国家之间的对抗，那是围绕帝国主义世界秩序及其重建所进行的战争，不可能从那里将侵略战争的品格剥离出来。日本对于菲律宾的进攻，对于美国、菲律宾来说当然是侵略；对新加坡的进攻，对于英国、新加坡来说也无疑是侵略。那些进攻与日本对中国的侵略不同这种说法，即使再次确认了对于中国所负责任的重大，也绝不

---

① 竹内好：《关于战争责任》，收入前引《日本与亚洲》。此文是为《现代的发现》第三卷《战争责任》（春秋社，1960）所作。

能改变日本所进行的帝国主义战争的性质,不能使那场战争的性质二重化。上面这种战争二重性的表述,只能引申出日本对帝国主义的战争开辟了亚洲各殖民地国家通往独立之路这种自我辩护式的靖国神社历史观。难道不是这样吗?但是,在对竹内好"现代的超克"再论进行更深入的阅读之后,我们知道他阐述的并不仅是"大东亚战争"中的战争性质二重性,这种二重性也被他推及包含明治以来的日本战争史在内的对外关系史。这里,笔者不吝篇幅,大段引用竹内展开的、在日本近现代史中阐述战争之二重性的论述:

大东亚战争确实拥有二重结构,那二重结构来自始于征韩论的近代日本的战争传统。如果问所谓二重结构是什么,答案是:那一方面是对于在东亚的指导权的要求,另一方面是通过驱逐欧美而实现称霸世界的目标,此二者处于互相补充、互相矛盾的关系之中。原因在于,东亚指导权的理论根据,只能取决于先进国家对后进国家的欧洲原理,但是,亚洲殖民地解放运动与此保持着原理性的对抗,并不将日本帝国主义作为特殊的例外来对待。另一方面,为了让欧美承认"亚洲之盟主"而必须诉诸亚洲原理,但由于日本自身在对待亚洲的政策方面放弃了亚洲原理,因此现实中没有联合的基础。由于一方面强调亚洲、另一方面强调欧洲这种区别对待的矛盾做法不停地制造出紧张,因此只有通过将战争无限扩大化、将解决往后推迟来掩饰。太平洋战争理所当然地被传统赋予了成为"永久战争"的命运。那是"国体之精华"。

竹内好说"大东亚战争"的二重结构是征韩论以来近代日本的对外关系史所拥有的二重结构，而且太平洋战争被传统赋予了不得不成为"永久战争"的命运，然后用《教育敕语》的言辞做总结——所谓恰恰那才是"国体之精华"。那么，被扩大到明治以来日本之战争传统的二重结构是什么？而且，"永久战争"这个可怕的词为何出现于此？

四　日本近现代史的二重原理

竹内好把对中国的侵略战争与对英美的帝国主义战争看作"大东亚战争"所具有的二重性。他是将前者作为"在东亚的指导权的要求"的战争，而将后者作为拥有"通过驱逐欧美而实现称霸世界的目标"[①]的战争进行重新把握，进而将此二者作为贯穿近代日本对外关系史的二重性进行解释、扩大。竹内阐述说，此二者互为补充，但在原理上处于相互矛盾的关系之中。就是说，日本对于"东亚指导权"的要求，是在亚洲唯一完成先进国家化的日本这个国家依据欧洲原理提出的要求，但是，日本的那种试图驱逐欧美、称霸世界的要求，是以亚洲为背景、以作为亚洲盟主的亚洲原理为基础的要求。进而，竹内好将此作为起源于征韩论的、近代日本战争传统中的二重原理。不过，日本对于这种矛盾的二重原理进行了区别使用，即竹内好所说"由于一方面强调亚洲、另一方面强调欧洲这

[①] 所谓"通过驱逐欧美而称霸世界的目标"是夸张的表述，"称霸世界"成为日本国家目标之类的事情未曾有过。我将此语作为帝国主义日本重建世界秩序的要求来理解，这里原封不动地引用。

种区别对待的矛盾做法不停地制造出紧张，因此只有通过将战争无限扩大化、将解决往后推迟来掩饰"。由此展开了对于作为"永久战争"的太平洋战争之性质的阐述。

　　我在这里对竹内前面的发言进行解说、最后不得不再次直接引用竹内的原话进行归纳，是因为论述对象是由无可替代的竹内式逻辑与语言构成的。总而言之，竹内是试图将从前面的战争中看到的二重性作为贯穿于征韩论以来的近现代日本战争史、对外关系史中的矛盾二重性来阐述、拓展。竹内进行的将那种二重性向日本近现代史的拓展，似乎也可以说是对龟井在《现代史的课题》中展开①的记述——龟井是将侵略中国作为身在东洋却努力作为西洋式国家而独立的日本的"现代化的悲剧"进行反省性记述——进行重新建构。将竹内好"现代的超克"再论的主题引导至二重性质论的，确实是龟井在《现代史的课题》一书中的发言。但是，在战后将关于中国问题的反省性观点传授给龟井的是竹内好的《现代中国论》（河出书房，1951）。从这一点来看，竹内尽管是受到龟井的触发，但他还是将自己的战争二重性论作为存在于日本近现代史上的二重原理论自主重新建构的。我在这里不厌其烦地结合龟井进行冗长的论述，是为了再次确认：竹内好重新认识战时"现代的超克"论的论述，通过对于"大东亚战争"的重新评价问题，成了他本人的战后"现代的超克"论。在进一步探究竹内展开的战争二重性论（日

---

① 龟井在《日本现代化的悲剧》（收入前引《世界史的课题》）中说："对于日本现代化过程中的矛盾，我主要是置于与侵略中国的关系之中进行了论述。"而且，围绕中国问题，龟井写道："在战后，使我开阔了眼界的是竹内好先生的《现代中国论》。"

本近代史的二重原理论）之前，我们先看看龟井进行的"日本现代化的悲剧"这种反省性记述是怎样结束的：

> 结合"七七事变"至太平洋战争的历史，如果直接说明日本现代化的悲剧，完全可以这样说：日本在清晰呈现置身东洋的"西洋的继子"这种形象的同时，也成为置身东洋的"东洋的继子"。在太平洋战争末期日本显然是世界的孤儿。在那时的孤独感以及由此而生的不安与焦虑之中，一方面一直怀有忧郁的郁积（国内问题），另一方面又让人觉得似乎是走向极端热情（自我毁灭之精神）的虚构。①

龟井是将太平洋战争作为背负着东洋与西洋之矛盾的现代日本的悲剧命运的结果来认识的。这与竹内好不同——竹内说太平洋战争被日本的战争传统赋予了没有终点的命运。就是说，龟井已经将太平洋战争作为日本现代化的悲剧性结果。这样的话，就等于说从太平洋战争中看到了被传统赋予的"永久战争"之宿命的竹内好，是将那种二重性看作1959年这一时间点上的日本依然面对的问题。那更加清晰地显示：竹内好对于战时"现代的超克"论的重新论述，是其本人进行的战后"现代的超克"论的结构性成分。

五　是否存在着"亚洲原理"？

竹内好将对中国的侵略战争与对帝国主义的战争这种二重性作

---

① 见前引龟井胜一郎：《日本现代化的悲剧》。

为日本的"在东亚的指导权的要求"与"针对欧美的称霸世界的目标"这种相互矛盾的国家战略目标的二重性进行重新把握。进而，竹内指出：这些国家战略的基础之中存在着欧洲原理与亚洲原理这种矛盾的二重原理。这样，战争的二重性扩大到日本近现代史，被作为近现代日本战争史、对外关系史的二重性展开论述。但是，所谓的"大东亚战争"真的包含着二重性吗？我在前文已经对此表示怀疑。我是说：将"大东亚战争"作为两场战争，仅仅是自我辩护式地将日本进行的帝国主义侵略战争的性质进行了暧昧化处理。当竹内进一步将这种战争的二重性扩大为近现代日本国家战略目标的二重性，或者扩大为互相矛盾的根本原理的二重性的时候，我对于二重性的怀疑不仅没有消除，反而更加扩大。

竹内所说的"在东亚的指导权的要求"与"针对欧美的称霸世界的目标"这种国家战略目标，作为同一个战略目标出现并存在于历史上，是第一次世界大战之后的事。不过，我在前文注释中已经指出，所谓"针对欧美的称霸世界的目标"让人觉得是一种夸张的表述。竹内在"称霸世界"一语中思考的是什么？我将此语在"重新建构世界秩序的要求"的意义上理解并直接使用。话说回来，日本是通过第一次世界大战成为参与国际政治游戏的主要成员国之一的。在那种意义上，1920 年是日本现代史的巨大转折点。因为此时日本开始作为强国出现在世界史的进程之中。这件事意味着日本已经成为能够提出重建世界秩序之要求的大国之一。竹内所谓"在东亚的指导权的要求"与"针对欧美的称霸世界的目标"作为同一个国家战略目标显在化，是从这里开始的。即日本作为亚洲盟主向欧洲要求拥有亚洲，是在 1920 年之后。这种要求与在大陆进行的军事行动相伴随，作为帝国日本向世界的要求明朗化的过程，即始于"满洲事变"的"亚洲-太平洋战争"这一日本的帝国主义战争过程。在该过程中，包括日本军部在内的国家权力内部即使存在着亚洲派与欧美派之间的讨价还价或冲突等，那也不是原理性的冲突。试图给"大陆政策"这一应当称作帝国日本生存之绝对前提的国家战略增加变数者，完全不存在。昭和日本一边将欧美置于对立面的位置，一边赋予了该"大陆政策"以军事形式。学习先进的欧洲文明国，一直在先进国家化的道路上狂奔的日本，现在发展到了与先进文明各国竞争帝国主义霸权的阶段。那就是昭和。那个昭和所立足的原理即欧洲原理，而非亚洲原理。竹内好也是借用福泽谕吉的"文明论"，这样说：

> 作为战斗启蒙者的福泽的作用，大概是结束于甲午战争。由于其思想作为国家思想而实现、而获得固定形态，因而他作为思想家本身消失了。从那之后，一切军事行动以及外交政策，全部被文明一元观正统化。至少到太平洋战争之前的阶段为止是那样的。①

竹内这里所谓的"文明一元观"，是指给日本的现代化规定了欧洲文明的一元化方向的福泽谕吉的"文明论"立场。竹内是说那是依据欧洲原理的现代化，该原理曾经是现代国家日本的原理。不过，竹内好对其所做的"至少到太平洋战争之前的阶段为止"这种限定，与他所谓的战争二重性有关联吗？总之，竹内还说欧洲原理曾经是现代日本国家的正统原理。那么，所谓亚洲原理在哪里呢？

---

① 竹内好：《日本与亚洲》，收入前引《日本与亚洲》。

它果真是以在日本国家战略的基础层面与欧洲原理相矛盾、相冲突的形式而存在的吗？

所谓亚洲原理，如竹内所言，是日本以亚洲为背景、针对欧美提出自我主张之际必要的对抗原理。不过，正因为那个主张自我的日本是基于欧洲原理形成的先进国家，因此日本所建构的亚洲原理的虚伪性便立刻暴露出来。竹内还说："（日本）为了让欧洲承认其为'亚洲盟主'而必须诉诸亚洲原理，但由于日本自身在对待亚洲的政策方面放弃了亚洲原理，因此现实之中没有联合的基础。"在现代日本国家形成的基础之中，欧洲原理清清楚楚地以文明实体的形式一直存在着。但是，亚洲原理并没有像欧洲原理那样一直存在于现代日本国家形成的过程之中。亚洲原理是要求对欧洲原理进行对立、抵抗的非实体性的负的原理。与欧洲相对的亚洲概念本身已经是那样的。"通过文明之否定的文明重建。这是亚洲原理，把握该原理的是亚洲。"[①]——竹内好这样说。竹内是说：与文明一元论式地统治世界、浸透世界的欧洲原理进行否定性对抗的、作为那种否定试图进行文明重建的原理，即亚洲原理，把握那种原理的是亚洲。——这是竹内所进行的、对于"亚洲"概念的精彩的非实体建构。正因为如此，所谓亚洲原理即在日本近代史上由非正统的少数人承担的抵抗性原理。如果是这样，那么，所谓亚洲原理，就不应当是在近代日本国家战略的基础之中一边与欧洲原理相矛盾一边构成二重性而存在的那种原理。但是，竹内好的"现代的超克"再论，却阐述起因于"大东亚战争"之二重性的、近代日本国家的战争传统中互相矛盾的两个原理的持续紧张关系，说那赋予了太平洋

---

① 竹内好：《日本与亚洲》。

战争（对英美的战争）以"永久战争"的命运。这究竟是怎么回事？竹内不是在自相矛盾地将亚洲原理作为历史上的对抗原理实体化吗？但是，竹内公然这样做究竟是要表达什么？他想阐述的是"永久战争"吗？

六 所谓"永久战争"

竹内好在"现代的超克"再论中，认为"太平洋战争的思想品格尚不太清楚"，以近代以来日本的三大战争（甲午战争、日俄战争、"大东亚战争"）的开战诏书为线索，试图找出战争的"公共性质"。竹内从"大东亚战争"的开战诏书中引用了这样一段：

> 躬承天佑、置身万世一系之皇位的大日本帝国之天皇，明示汝等忠诚勇武之民众。
>
> 朕在此向美国及英国宣战。朕望陆海军将士尽全力以交战，朕望文武百官忠于职守以奉公，朕望众庶各尽其本分，亿兆一心，举全国之力，为达此征战目的，力争万无一失。
>
> ［中略］
>
> 事已至此，帝国于今唯有为自存自卫而奋起，破除一切障碍。
>
> 皇祖皇宗之灵在上。朕信赖汝等民众，望扩大祖宗之伟业，最终铲除祸根，确立东亚之永久和平，以永保帝国之光荣。①

---

① 引文中的句读、词句等依照竹内好的引文，只改了一个错别字、去掉了着重号。

第九章　"现代的超克"与战争的二重性

　　这样引用了宣战诏书之后，竹内由此引出战争的思想品质。他在指出了"总体战"的品格等的基础上，下结论似的说："通过整体的上下文关系，能够感觉到永久战争的理念。战争的终极目标乃'确立东亚之永久和平'，而非一般和平。从这里的上下文中能够读出包括称霸世界的预测在内的东西。"竹内并不是说他从宣战诏书的某处、而是说从宣战诏书的整体之中感觉到了"永久战争"的理念。不过，关于宣战诏书中的"确立东亚之永久和平"一语，竹内说这种"和平"乃战争之终极目标而非一般的和平，说该诏书的上下文之中包含着"征服世界"的预想。战争的"终极目标"及"称霸世界"这种词语表达，好像是指超越了通过讲和条约而终结的那种实际的相对战争（或"相对和平"）概念的绝对的战争（和平）理念。以"东亚之永久和平"为目标的战争，因此成为理念性的永久战争。——这大概是竹内要说的。竹内在其"现代的超克"再论中，给予高坂正显等京都学派的四人所举办的"世界史的立场"等系列座谈会以高度评价。尤其是关于第三次座谈会（"总体战的哲学"），竹内赞扬曰"能够这样完美无缺地阐明"宣战诏书的别无他人。我在前文引用的竹内对于宣战诏书的解释，基本上也是依据"总体战的哲学"。竹内引用了高坂等人围绕"总体战"的发言——即所谓"总体战"是"所有的东西发生改变的表现"（铃木正高），那是永远的战争，改变着"战争"概念自身的战争，"扬弃战争与和平相互对立的逻辑"，即生产了"创造性、建设性战争这种新理念"（高坂）的战争，等等。① 竹内是运用京都学派这种关于"总体战"的哲学解释，重新建构"永久战争"概念的。在进行那种重构的过程中，竹内从座谈会中接受了更为重要的东西，那就是所谓"大东亚战争"作为思想战的品格。他们说总体战即思想战。这里引用他们在座谈会上的一段发言。这段发言竹内未曾引用，但对于竹内的"大东亚战争"再评价而言更有意义。发言曰：

> 这次战争，要言之，即秩序转换之战、世界观转换之战，而且，所谓世界观，就是思想方面的事情，因而，既然如此，这次总体战理所当然地在其根本之处具有思想战的品格。……而且，如果问这场战争何时结束，那么，是在我们主张的新秩序思想被敌人理解、接受之处，最后的结局才会到来。那时即美英失败之时。但是，不言而喻，尽管有必要将其带到不得不用武力使其理解之处，但最终还是取决于思想上的理解。……要言之，对内对外均使其完成新的思想转换，这是本次战争真正的意义所在。②（高山岩男）

"大东亚战争"因为是思想战，所以这场战争第一次承担了"永久战争"的理念。竹内好从京都学派的座谈会接受了"永久战

---

① 发言人的姓名是笔者确认的。见《总体战的哲学》（收入《世界史立场与日本》，中央公论社 1943 年出版）。另，"总体战的哲学"作为第三次座谈会举办于昭和十七年（1942）十一月二十四日。
② 见前引《总体战的哲学》。

争"的理念，同时接受了战争的思想战品格这一规定性。对于保田与重郎而言，所谓战争是以 19 世纪欧洲式文明原理为对象的文明之战。文明之战即不会因战败而终结的"永久战争"。[①] 在"大东亚战争"被认为具有思想战品格的时候，那场战争即承担着没有终点的"永久战争"这种理念。

七 战后式"现代的超克"论

沿用竹内好的说法，"大东亚战争"的二重性，即置身亚洲的日本以亚洲为背景、作为先进国家日本而存在于世界的二重性，这种二重性来源于近代日本国家的生存状态本身。给予了这种存在于现代国家日本立国基础之中的二重性以二重战争表现形态的——对中国的侵略战争与对英美的帝国主义战争——，是昭和日本。宣战诏书赋予了这场具有二重性的战争以"建立东亚的永久和平"这一"永久战争"理念。而且，昭和知识人是在开战的狂热战栗之中将此次战争所承担的思想课题作为"现代的超克"来接受的。那意味着近代日本生存基础上的二重性问题被他们作为"现代的超克"这一思想课题来接受了——也就是将"现代的超克"这场思想战争置于战争意志之中来接受。那种思想战争理所当然地必须是"永久战争"这种没有终点的战争。竹内这样说：

"现代的超克"即所谓日本近现代史上 aporia（难关）

[①] 关于保田的文明战争观，请参阅本书第七章《即使战争无偿而终——保田与重郎的战时与战后》。

的凝缩。复古与维新、尊王与攘夷、锁国与开国、国粹与文明开化、东洋与西洋——这些传统的基本轴的对立关系，在总体战的阶段，面对摆在面前、亟待解决的对于永久战争之理念进行解释的思想课题，作为问题集中爆发的，就是对于"现代的超克"的讨论。①

竹内是说："现代的超克"这一问题的提出是正确的，但是，那场思想战争实际上未能展开，那个课题也不幸地随着日本战败而烟消云散。伴随着战败消失的是"现代的超克"这一课题，同时也是日本近现代史的二重性这一"难关"。竹内是说：战争在日中战争并未获得解决的情况下，仅仅是作为太平洋战争而终结，在那终结的基础上日本的"殖民地式战后"开始了。他的意思是思想战未曾进行，唯其如此，战后日本人之中甚至不存在思想的失败感——

> 而且，恰恰是失败感的不存在，才是今天的问题。就是说，由于难关因战败而消解，思想的荒废状态原封不动地被冻结了。思想的创造作用不会得到发挥。如果尝试在思想方面恢复创造性，那么，必须融化那冻结，再一次将"难关"作为课题来面对。

1959年，在意味着日本主动站到美国核保护伞之下的《日美安全保障条约》修改问题即将成为日本国民讨论的话题的时候，竹

---

① 引文中的"难关"一词是从希腊文的"aporia"而来，竹内好用片假名加汉字的方式写为"アポリア（難関）"，以示强调。——译注

内好向日本人提出了再一次正视自己存在基础之上的"二重性难关"这一主张。由这种正视而生的斗争，促使其在自我之中对作为抵抗原理的亚洲性原理进行了重新确认。他认为，日本人只有作为这场战后式"现代的超克"的斗争主体，才第一次能够亲手创造战后的自立性日本。

第十章
亚洲主义这一近现代日本的对抗轴
——日本近现代史与战争的二重性

> 尤其是处于世界史的这个伟大转折期，如果中日两国真诚协作，那么，亚洲的事情大概唾手可成。
>
> ——大川周明《大东亚秩序之建设》

> 是将西乡隆盛看作反革命，还是看作永久革命的象征，这是个问题，其中包含着无法简单处理的争论。但是，脱离了该问题，亚洲主义是难以定义的。
>
> ——竹内好《日本的亚洲主义》

一 为何是两场战争？

竹内好在其"'现代的超克'再论"① 中说过："大东亚战争是殖民地侵略战争，同时也是对帝国主义的战争。这两个侧面在事实层面上曾经被一体化，但在逻辑层面上必须加以区分。"大东亚战

---

① 竹内好:《现代的超克》(《近代日本思想史讲座》第七卷《现代化与传统》，《竹内好评论集》第三卷《日本与亚洲》，筑摩书房1959年出版)。我将竹内好的这篇论文称作"'现代的超克'再论"。前一章《"现代的超克"与战争的二重性》是围绕竹内好的"再论"展开论述的，本章接着前一章讨论的问题进行论述。

争的这两个侧面，在竹内好这里，是与"近代日本的战争传统"联系在一起的。即竹内所言："大东亚战争确实拥有二重结构，那种二重结构来自始于征韩论的近代日本的战争传统。如果问所谓二重结构是什么，答案是：那一方面是对于在东亚的指导权的要求，另一方面是通过驱逐欧美而实现称霸世界的目标。此二者处于互相补充、互相矛盾的关系之中。"这两个侧面都被表现在军事领域——前者即日本"对于在东亚的指导权的要求"作为日中战争（日华事变）而呈现，后者即"通过驱逐欧美而实现称霸世界的目标"作为太平洋战争而呈现。因而，所谓这场"大东亚战争"的两个侧面，即意味着日中战争与太平洋战争这两场战争。① 这两个侧面或曰两场战争，如竹内好亦说过的，本有互相补充的性质，应为同一场亚

---

① 这里就"大东亚战争"这一概念略作说明。不言而喻，"大东亚战争"是日本政府对昭和十六年（1941）十二月八日宣战的战争的称呼，在战后式的表述中那是"太平洋战争"。但是，由于竹内好阐述"大东亚战争"的二重性，于是该词即成为包含着日中战争（日华事变）与太平洋战争这两场战争的概念。这意味着是以太平洋战争为主、将其作为与英美等帝国主义国家的战争区别开来。"大东亚战争"是由日中战争与太平洋战争两场战争构成的——这种把握方法是竹内好固有的，但是，该说法在对于现代史的理解方面引出了重要的问题。例如，通过 1951 年的旧金山和会，获得终结的是太平洋战争，而绝非日中战争——这一问题被竹内的把握方法明确指出。另外，本书论及的大川周明在使用"大东亚战争"一词的时候，沿用的是当时的称呼，与"支那事变"相区别。还要说明的是，"支那事变"这种说法依据的是大川的用法，所以，我本人在将其作为"日中战争"或者"事变"来表达的时候，使用"日华事变"的概念。在 1945 年之前的日本人话语中，"支那""支那学""支那事变"等称呼之中包含着歧视感，引文中应当原封不动地使用——这是我的立场。毋宁说，通过简单地改变称呼而导致掩盖历史性歧视的结果，那是对历史的篡改。

洲-太平洋战争的两个侧面。不过，竹内依然认为两个侧面之间存在着相互矛盾的关系，称之为两场战争，进而将其二重性与近代日本的"战争传统"结合起来进行扩大化的阐述。

昭和时期日本帝国的国际战略，被作为由日本——作为东亚主导国家的日本——建设东亚新秩序的要求而得到理念性的明确阐述。① 所谓新秩序的要求，即对于现存世界秩序的重建要求，日本在与欧洲内部的德国保持世界战略性呼应关系的同时，不可避免地也承担着世界战争的结果。不过，我这样把握的昭和日本的帝国式国际战略，是被某种二重性的契机决定着吗？建设东亚新秩序的要求与参与世界战争的决心之间，有两个不同的契机在发挥作用吗？或者，在日中战争（日华事变）与太平洋战争之间，存在着完全矛盾的内容吗？确实，在"事变"与"战争"之间，日本政府、军部的当权者大概也有过怀疑，有过犹豫，有过异议。而且，即使是在日本国民的感情层面，也一直存在着前者始终被看作"事变"、后者发生之初即被看作"战争"这种差异。但是，无论是包括竹内在内的知识分子还是普通日本国民，均感动于12月8日的宣战，体验了那种舒畅爽快的心情。那是因为在"战争"中找到了解释暧昧"事变"的明确答案。人们对"事变"怀有的"难道那不是对中国的帝国主义战争吗？"这种疑惑，由于为了建立东亚永久和平而发动的对英美"战争"的开始，而被一扫

---

① 昭和十五年（1940）七月第二届近卫内阁成立之际，内阁会议制定的《基本国策要纲》的《根本方针》是这样说的："皇国之国是，以最终建立基于八纮一宇之开国大精神的世界和平为根本，首先建设以皇国为核心、以日满支三国的紧密结合为主体的大东亚新秩序。为此，皇国将主动、迅速地对应新势态、确立坚固的国家局面，举全国之力向完成前述国是的方向迈进。"译者说明：这段话中的"日满支三国"指日本、伪满洲国、中国（"支那"）。

而光。但是，即使在感情层面的自我理解方面对"事变"的疑惑被消除，但"事变"与"战争"皆为帝国主义战争这一事实并未发生改变，而仅仅是来自"战争"——从被压抑的亚洲发动的对于盎格鲁–撒克逊式世界统治的战争——这种地缘政治学式的正当感情遮蔽了在中国发生的"事变"的不正当性。

这样看来，竹内好所谓两场战争的主张，大概仅仅是表述了日本人情感层面上这种"战争"与"事变"的差异。太平洋战争是帝国主义对帝国主义的战争，日中战争（"日华事变"）是侵略中国的战争。关于前者日本并不负有被以"文明"之名进行审判的那种责任，但关于后者日本背负着沉重的侵略责任——这是竹内好所阐述的。这就像我前面所说的，从亚洲进行的战争这种地缘政治学理由产生的情感正当性，与发生在中国的"事变"的被掩盖的不正当性——竹内好将此二者作为两场战争区分开来阐述。所以，在竹内好这里，对所谓"两场战争"的论述，具有仅仅在讨论战争责任的上下文中才能成立这种性质——这也是我在前一章《"现代的超克"与战争的二重性》中讲过的。但是，竹内好这里的所谓"两场战争"论，仅仅是为了做出"是对帝国主义的战争还是殖民地侵略战争"这种区别吗？答案只要是肯定的，那么所谓的"两场战争"大概就只能是同一场帝国主义战争的互相补充的两个侧面。不过，竹内好是将这种区别上溯到征韩论、[①]置于日本近代史中展开论述的——如

[①] 明治六年（1873），西乡隆盛、板垣退助等政治家以朝鲜排斥日本、实行锁国政策为名，主张进行讨伐，此即所谓"征韩论"。同年，从欧美考察归国的岩仓具视、木户孝允、大久保利通等政治家主张内政优先，压制了征韩论。征韩派下野之后，发动了士族叛乱与自由民权运动。——译注

果从这一点来看，我会认为这种区分之中包含着更大的思想契机。

二 "日华事变"并未解决

竹内好在其"现代的超克"再论中沿用大川周明的观点，指出"日华事变"未能解决——所谓"众所周知，大川周明的叹息尽管是就 1941 年'日华事变'无法解决而发，但那在 1945 年也没有解决，到了 1959 年的现在依然没有解决"。竹内这里所谓的"大川的叹息"，是出自大川在其《大东亚秩序建设》中说的一句话——"日支两国之间必须无休止地持续进行战争吗？！这实在是全体国民的沉重叹息。"① 那么，为"支那事变"未能解决的现状而叹息的大川，对于解决事变是怎样考虑的呢？

大川周明说：将"支那事变""作为世界战争之一环，应当与世界战争一同解决——这种意见是我们绝对不能同意的"。确实，一般日本人都认为，"事变"并非应当在"仅仅是日中两国之间的关系"之中来思考，"事变"背后存在着英美，而现在"事变"已经发展为对英美的战争，因此"支那事变"应当在处理对英美的世界战争的同时进行解决。但是，大川反对这种看法，指出：

> "支那事变"是先于欧罗巴战争、发生于日支两国之间的悲剧。该悲剧的终结绝对不允许第三国介入，必须通过两国间的直接交涉来解决。不仅如此，大东亚战争用事实

---

① 大川周明：《大东亚秩序建设》，第一书房 1943 年出版。本书的引用是依据《大川周明全集》所收同书，岩崎书店 1962 年出版。

改变了"支那事变"的性质，使其转变为东亚的一场内乱。我们唯有刻不容缓地平息这场内乱，才有可能对完成大东亚战争怀有期待。

这里存在着将"支那事变（日华事变）"与"大东亚战争（太平洋战争）"作为两场战争、将两场战争的解决作为各自独立的问题分别处理的看法。大川是说：确实，在军事形势方面"支那事变"已经进展为"大东亚战争"，但是，尽管不幸地处于战争这种状态，但"日支两国"本来应当是通过"复兴亚细亚的大义"结合在一起的联合体。这里还是引用了他在面对"事变"未解决的现状发出叹息的同时所做的发言。这段话告诉我们，在大川那里以及在竹内那里将"事变"从"战争"中区分开来的思想观念是怎样的——

  日支两国之间必须无休止地持续进行战争吗？！这实在是全体国民的沉重叹息。即使是从常识来看，日支两国若携手合作则利益无限，若以战相争则百害俱生。尤其是处于世界史的这个伟大转折期，如果中日两国真诚协作，那么，亚洲的事情大概唾手可成。现在日支两国如果能够以复兴亚细亚的大义相结合，为实现该大义携手奋起，印度也会即刻呼应我们，那么，拥有独特的生活与理想的大东亚圈的建设，将顺风扬帆远航。

这里表达的是大川周明寄予"日支两国"之关系的亚洲主义愿望。大川倡导的"复兴亚细亚"，表达的是为了亚洲的自立——试图从欧美帝国主义的统治与主宰中摆脱出来、完成复兴的亚洲的自立——而进行的战争。今天正是"日支两国"应当携起手来、成为"复兴亚细亚"之战的核心力量的时刻,但不幸的是"日支两国"现在却处于这种战争的事态之中。大川问:"日支两国之间必须无休止地持续进行战争吗?!"——此语表达的、对于看不到终结战争之希望的叹息,即由此而生。但是,大川主张的"支那事变"的解决,是希望出现怎样的结局呢?那仅仅是指结束发生在大陆的战乱吗?大川这样说:

> 大东亚战争当前的目的,在于从大东亚地区扫荡英美等敌对势力,继之而来的是建立大东亚秩序。但是,为达此目的,成其为绝对条件的是"支那事变"的处理,即与支那真诚合作。

这是说"支那事变"的解决就是在"日支两国"之间建立"真诚合作"关系。唯有这种解决,才能成为被"大东亚战争"作为目的的"大东亚秩序之确立"的绝对条件。就是说,所谓"支那事变"的解决,就是日本与中国之间建立同志式和平协作关系,否则"大东亚战争"所宣扬的建立"大东亚新秩序"等理念终究是不可能实现的。因此,在大川看来,在"大东亚战争"的进行过程中思考"支那事变"的处理问题是本末倒置。

日华事变的解决,并非仅仅是指大陆战争状态的终结,而是指面向亚洲复兴、日中两国建立起同志式的协作关系——如果这样主张的话,那么即如竹内好所言,问题在太平洋战争开战的1941年未能得到解决,经过1945年的战败也未能解决,直到《日美安全保障条约》改定、竹内就此问题发言的1959年依然未能解决，问题一直遗留在那里。而且，已经升入天国的竹内好还一定会说：即使到了战后六十周年的现在，问题依然未能解决。

三　日本近现代史的难关

大川说过："支那事变"的解决并非在"大东亚战争"的进展之中进行，反倒是前者的解决才是实现"大东亚战争"之理念的绝对条件。他拒绝将"支那事变"作为"大东亚战争"之一环来思考。在此意义上，"支那事变"与"大东亚战争"在大川这里同样是两场战争。促使他做出这种两场战争之区分的，是从"支那事变"中解读出来的、大川的亚洲主义式愿望乃至要求。所谓"亚洲主义"——这里还是用大川本人的语言来表述吧，即：将"基于日本的国家统一与支那的革新二者之紧密结合的亚细亚复兴"作为维新精神继承者之宿命性课题的、日本人的政治性与思想性立场。只要这种亚洲主义性质的愿望乃至要求被用于解读"事变"，"支那事变"就不是发展为"大东亚战争"的同一战争过程。所谓"支那事变"，是本应为复兴亚洲之同志的"日支两国"之间不幸地发生战争的目前的事态。正因为如此，所谓事变的解决，就是建立这种"日支两国"之间本来应有的同志关系。为此，呈现为战争这种事态的"日支两国"现状的改变，大概就是不可或缺的。这里，我是按照亚洲主义的逻辑进行论述的。只要昭和的亚洲主义由倡导昭和维新的改革者来承担，那么解决"支那事变"的逻辑则必然应当被那样追寻、论述。不过，宣扬昭和维新的日本体制变革时期[①]早已过去，大川与青年军官们策划的被称作"三月事件"的政变也是发生在昭和六年（1931）。也许可以说，那十年之后即昭和十六年（1941）"大东亚战争"的开战，即为昭和初年的体制变革要求不幸地被吸收、转化到"总体战"体制中去的结果。尽管宣扬以建立大东亚新秩序为目的的"大东亚战争"已经开始，而"支那事变"的解决反而变得更为无望。大川的叹息越发沉重。

这里，我之所以这样梳理大川叹息的成因，是因为竹内好似乎是在重复大川的叹息、强调"日华事变"的悬而未决。如同前面已经引用的，竹内好说即使是到了他发言的1959年，"日华事变"依然未能解决。而且，他和大川一样认为日中两国之间建立起真诚协作关系才是事变的真正解决。这样一来，也就是说，竹内好在解读"日华事变"的时候也是怀着亚洲主义性质的愿望与要求。通过这种梳理与思考，我们才能理解在竹内好这里为何会有"两场战争"之说。由于看到了"日华事变"背后的亚洲主义课题，"日华事变"才成为绝对不能被太平洋战争容纳、对于日本与亚洲来说背负着亟待解决之课题的战争。而且，将亚洲主义课题纳入"日华事变"之中进行解读，使竹内好进而将两场战争与近代日本在走上现代化道路之初即具有的二重性结合起来。竹内将这种二重性称为"日本近代史上的aporia（难关）"：

"现代的超克"即所谓日本近现代史上aporia（难关）

[①] "昭和维新"是昭和初期即1930年前后日本右翼和军部革新派模仿"明治维新"提出的国家改造口号，目标是实现天皇亲政。——译注

的凝缩。复古与维新、尊王与攘夷、锁国与开国、国粹与文明开化、东洋与西洋——这些传统的基本轴的对立关系，在总体战的阶段，面对摆在面前、亟待解决的对于永久战争之理念进行解释的思想课题，作为问题集中爆发的，就是对于"现代的超克"的讨论。①

就是说，"日本近现代史上的难关"即近现代日本难以解决的矛盾二重性在昭和日本的体现，乃"大东亚战争"。因此"大东亚战争"也承担着"现代的超克"这一思想战的课题。原因在于那是"在亚洲而非亚洲"的近现代日本的"难关"（矛盾二重性）的凝缩——竹内好说。在竹内好这里，这种近现代日本"难关"问题的解决，与"日华事变"的真正解决是同一个问题，而且这是难以解决的课题。甚至可以说，那是日本的亚洲性的、真正自立的课题。但是，日本人在1945年战败的同时却消解了该"难关"，而且，随着太平洋战争的终结，"日华事变"也不明不白地被终结。1959年的竹内好在回忆1943年"大川的叹息"的时候也发出了叹息，原因即在于此。竹内在其"现代的超克"再论的结尾处写道："必须再一次处理'难关'课题。为此，至少要返回到大川周明失语之处，即使是从今天开始，也必须解决当初未能解决的'日华事变'。"

四 亚洲主义是什么？

到此为止，我好像是将前一章已经梳理的"现代的超克"再论

---

① 见前引竹内好《现代的超克》。

中竹内好的逻辑作为"两场战争"论再一次进行了追踪。不过，我在此重新进行追踪，并非为了再次确认前一章的结论。毋宁说是为了重新追踪那个结论，或者说是为了重新追踪引导出上文引用的那句结语的、竹内好的逻辑构成——那句结语就是"至少要返回到大川周明失语之处，即使是从今天开始，也必须解决当初未能解决的'日华事变'"。换言之，即重新追踪竹内好是怎样建构其"日本近现代史之难关"或"两场战争"的理论并由此引出那种结论的。此种操作大概也是对竹内本人的"现代的超克"论的解析。

竹内在同样发出"大川的叹息"的同时指出了"日华事变之未能解决"，那意味着竹内和大川一起对"日华事变"进行了从亚洲主义式的立场出发的观念性解读。我在前面借用大川的话说过："亚洲主义"就是日本人——将"基于日本的国家统一与支那的革新二者之紧密结合的亚细亚复兴"作为维新精神继承者所承担的宿命性课题的日本人——的政治性、思想性立场。我并不打算将该定义作为能够包括所谓"亚洲主义"全部内容的概念来使用。我仅仅是将昭和日本的国家发展路线中成其为替代品的政治性、思想性立场，就是将战争分为两场、把通过"日华事变"的解决而实现的日中两国协同性联合作为身处亚洲的日本的优先国家战略来主张的立场，视为亚洲主义，并下了上面的定义。这是以大川为背景而展开的竹内好的议论所要求的"亚洲主义"定义。但是，竹内怀着强烈的思想性认同引以为据的大川周明的"支那事变"观念，果真曾经是能够成为昭和日本国家战略之替代品的那种观念吗？大川这样概括始于所谓"二十一条"（1915年）的日中关系的变化过程：

因而，条约之精神明确地成为复兴亚细亚的重要条件，尽管如此，以之为起因，支那的排日运动却一年比一年广泛、深入，且已蔓延到满洲，因此，终于导致了"满洲事变"的发生。而且，如前所述，日本因该事变而改变其错误路线，恢复维新精神，下定了成为亚细亚解放之战士的决心，与支那之间也是致力于建立远胜从前的、紧密的家族式联合。日本的此种精神与理想，由于对英美的宣战而如火焰般在眼前燃烧，尽管如此，蒋介石政权现在依然与亚细亚共同的敌人勾结，不停地践踏兴亚之大义，必须说这让人感到无比痛恨。①

大川这里所说的"其错误路线"，是指华盛顿会议（1921年）至"九一八"事变（1931年）的十年间一直配合所谓"凡尔赛体制"的日本的对外政策。大川将这一时期称为"被英美表扬为世界模范市民的十年"。大川是说：这一时期，"日本的真实姿态被阴云遮蔽，明治维新的两大纲领，因'天皇机关说'的横行以及为维持现状的和平主义的跋扈而遭受蹂躏，如大陆发展等，则甚至被认为是带有侵略主义者、军国主义者之危险的欲望"②。而"满洲事变"，

---

① 大川周明：《大东亚秩序建设》。
② "天皇机关说"是依据德国法学家耶利内克（1851—1911）的"国家法人说"提出的宪法学主张，即主张天皇是作为法人的国家的最高行政机构的负责人，统治权在国家。该主张与"天皇主权说"相对立。其主要倡导者东京大学教授、法学家美浓部达吉（1873—1948），因倡导该主张在昭和十年（1935）被迫辞去贵族院议员的职务。美浓部"二战"结束后曾担任宪法问题调查会顾问。——译注

则一举修正了日本外交的这种错误。所谓"日本的错误路线，伴随着满洲帝国的建设，一举转向正确方向。满洲建国，作为日本抛弃与压迫亚细亚的元凶英美的协作、迈向大陆兴亚事业之征途的最初行动，无疑是向维新精神的回归"。如果从这里引用的大川包含着针对日本错误的十年进行责难的发言来看，这种言论在何种意义上可以说是"在昭和日本的国家发展路线中成其为替代品"？这是率先支持日本"大陆政策"——以"满洲事变"为突破口、通过军事手段实现的日本帝国"大陆政策"——的话语，而不是此外的任何东西。充其量，那也仅仅是夸大了亚洲主义的因素。所谓亚洲主义，在这里不过是涂抹在日本帝国主义"大陆政策"上的油彩。大川的立场成为替代品的，仅仅是对于被认为主导了十年间日本错误路线的欧美协调派。但是，与其说与欧美协调派相对的亚细亚强硬派是大川等人的替代品性质的立场，毋宁说那成了1931年之后帝国主义式日本的正统立场。昭和日本的亚洲主义绝对不是能够成为帝国主义式日本之替代物的思想。

那么，在引用这位大川的言论的同时将战争二重化、执着于"日华事变"之独立解决的竹内好，是误读了大川周明吗？或者，那是竹内好所进行的带有主观意图的引用吗？

五 对于亚洲主义的辩解式重构

对近代日本的亚洲主义进行解说的竹内好的论文《日本的亚洲

主义》①，表明了亚洲主义是怎样由竹内进行重新建构的。竹内在文中基本上仅仅是将玄洋社、黑龙会系统的那种思想作为"日本的亚洲主义"来认定、叙述的，②而将变节的马克思主义者平野义太郎的"大亚洲主义"贬得一文不值，他说："这种自我命名的大亚洲主义，不值得冠以'思想'之名，所以不能进入我们的遗产目录。"这样将平野从亚洲主义的定本目录中驱逐出去之后，竹内说：

> 他（平野）不过是将玄洋社的亚洲主义污名化、矮化，并进行祖述。真正的玄洋社式的亚洲主义，就其观点而言具有彻头彻尾的侵略性，但并未像平野那样掩盖那种侵略性。而且，它并不迎合时局，时常被作为反抗政府的主张而提出。因此，我们当然必须将其作为亚洲主义的一种类型予以认定。

竹内把平野从亚洲主义的定本目录中驱逐出去之后，将玄洋社式的亚洲主义作为名副其实之物而接纳。什么是亚洲主义？——这由竹内好进行了认定。无论那是具有多么鲜明的侵略主义、扩张主

---

① 竹内好的《日本的亚洲主义》是作为《现代日本思想大系》第九卷《亚洲主义》（筑摩书房1963）的"解题"撰写的，原题为《亚洲主义之展望》。本书的引用是依据《日本与亚洲》（《竹内好评论集》第三卷，筑摩书房）收录的该文。

② 玄洋社，以头山满（1855—1944）为首的右翼团体。明治十四年（1881）作为参与自由民权运动的组织之一而成立，后来右倾化，主张国家主义、大亚洲主义，推动日本的"大陆进出"。昭和二十一年（1946）解散。黑龙会，明治三十四年（1901）由内田良平（1874—1937）创立，玄洋社下属组织。昭和六年（1931）发展为大日本生产党，彻底法西斯化。——译注

义性质的思想，也因其具有反政府的叛逆性态度而被认定为亚洲主义。竹内好的认定标准，就是"并不迎合时局，时常被作为反抗政府的主张而提出"。竹内是根据这种反政府的叛逆性态度，将其作为指向大陆的扩张主义在近现代日本国家经营中的替代性立场，认定其性质并冠以"亚洲主义"之名。确实，亚洲主义与日本现代国家形成过程中的膨胀主义密不可分。离开了这种膨胀主义就没有亚洲主义。因此，试图从那种亚洲主义中认识决定近代日本发展路线中的对抗轴的竹内论文《日本的亚洲主义》，始终贯穿着为膨胀主义的辩解——

> （亚洲主义）尤其与膨胀主义多有重叠。如果说得更正确一些，那么可以认为，从起源角度说，是从明治维新这场革命之后的膨胀主义之中，亚洲主义作为一个成果而诞生。而且，并非由膨胀主义直接产生了亚洲主义，是膨胀主义产生了国权论与民权论以及稍后的欧化与国粹这种对立的风潮，从这种应当称作孪生子的风潮之中，亚洲主义产生了。我持这种看法。

> 说起来，能否将"侵略"与"联合"置于具体状况之中予以区分是个大问题。对于玄洋社变节的把握方式之中也存在着问题。在朝鲜问题方面，其结果确实是导致了"日韩合并"这种彻底的侵略，但其过程是复杂的，在共同防御俄国或清国的侵略这一方面，作为"思想"并非不存在。

（亚洲主义）无论怎样打折扣，仅仅在包含着亚洲各国联合（无论是否以侵略为手段）的方向这一点上，必须确认共通点。这是对亚洲主义属性最小限度的界定。

初期民族主义与膨胀主义的结合是不可避免的，因此，如果否定那种结合，日本的现代化从一开始就不可能发生。问题在于那与扩大人民的自由度具有怎样的关系。

近现代日本的对外型膨胀主义，通过这位竹内好的辩解，总算获得了"亚洲主义"的名号。所谓"亚洲主义"，在竹内好这里成为现代日本的国家形成过程中乃至行进道路上的替代品，即构成源于亚洲原理之对抗轴的那种东西。如果基于欧洲式原理的一国式先进国家化曾经是近代日本国家形成的基轴-中心轴，那么，基于亚洲式原理的国家形成即成为那基轴-中心轴的对抗轴。所谓基于亚洲式原理的国家形成，如竹内好在上面的引文中所言，意味着以亚洲各国的联合为基础的、作为亚洲性国家的、日本的独立性国家的形成。① 那么，对于近现代日本的膨胀主义（也是侵略主义），竹内好在不惜进行上述辩解的同时努力给予"亚洲主义"之名，这意味着什么呢？

---

① 在这里，我是依据亚洲式原理与欧洲式原理的对立关系给竹内好所谓的"亚洲主义"下定义。这主要是基于竹内好的战后式论文《中国的现代与日本的现代》。关于该问题，请参照本书第八章《日本现代批判与"奴隶论"视角》。

六 亚洲主义这一对抗轴

竹内好说"初期民族主义与膨胀主义的结合是不可避免的"。确实，现代国家的形成，一方面将求心型国家性的统合作为必须，与此同时，又把通过扩张乃至飞跃而实现的对外型国家发展作为目标。那均为国家主义。正因为如此，面向中心的国体论式的国家统合化，与面向大陆的飞跃这种国家扩大化，是伴随着日本这个现代天皇制国家的形成而被坚持的两种国家意志。伴随着明治政府的成立征韩论被提出，原因即在于此。那么，日本现代国家的形成是在怎样的历史性、国际性环境之中进行的呢？

日本作为现代国家开始形成的19世纪后期，即霍布斯鲍姆称之为"帝国的时代"的世界史时期。他用1875年至1914年这一时期来划定的"帝国的时代"，就是"欧洲与美国大陆之外的世界的大部分，被极少数国家中的某个国家所统治，或者是被作为置于非正式统治之下的领土，因而被正式分割"①的时代。所谓"那极少数国家"，是指英国、法国、德国、意大利、荷兰、比利时、美利坚合众国，还有晚于这些国家加入其阵营的日本。在19世纪后期的世界，所谓先进国家化，也是指加入先进帝国主义国家行列。由于伴随着欧美军事力量的港口开放要求而选择了现代化变革之路的日本，在从亚洲出发的先进国家化道路上独自开始了急行军。那也是日本在亚洲作为新兴帝国主义国家的自我形成之路。所以，明治

---

① 埃里克·霍布斯鲍姆《帝国的时代Ⅰ》，野口建彦、野口照子合译，筱竹书房1992年出版。

政府在明治九年（1876）与朝鲜缔结了《日朝修好条规》。那是将佩里①曾经强加给日本的不平等条约，此时由日本强加给朝鲜。但是，从亚洲出发的日本的先进国家化，在向欧洲认同的过程中也同时不可避免地孕育着对抗的契机。因此，日本指向大陆的、本质上不外乎帝国主义式扩张要求的膨胀主义之中，也不得不嵌入对于建立日本的亚洲性基础的要求。竹内好从膨胀主义出发、辩解式地进行的亚洲主义重构，依据的就是指向大陆的膨胀主义所包含的这种建立亚洲性基础的要求。

不过，日本的膨胀主义所带有的建立亚洲性基础的要求，即使能够成为日本的帝国主义式路线的有力的补给线，也不是能够成为那路线之替代品的某种思想。竹内好重构的那种亚洲主义，即使能够在某种人物例如宫崎滔天的生平中看到，②也不能被作为充当近现代日本国家路线之替代品的政治性、思想性立场而实际存在。竹内好勉强将膨胀主义认作亚洲主义，是基于某种思想态度。他将平野义太郎从亚洲主义的定本名录中驱逐出去，而认可了玄洋社或大川周明的亚洲主义。我前面说过，那是依据从后者看到的"反政府的叛逆性"态度。也许有人会说这是一种贬低、矮化亚洲主义的做法。但是，竹内好在为膨胀主义进行那种辩护的同时，勉强在日本近现

---

① Matthew Calbraith Perry（1794—1858），美国海军军官，东印度舰队司令。嘉永六年（1853）率舰队进入日本浦贺港，要求开放港口。翌年复率舰队进入东京湾，签订《日美和亲条约》。著有《日本远征记》。——译注
② 宫崎滔天（1871—1922），即宫崎寅藏，清末中国革命的支持者，协助旅日的孙中山组织同盟会，辛亥革命发生后来到中国参与革命运动。其革命自传《三十三年之梦》有多种中文译本，最新者为林启彦译，广西师范大学出版社 2011 年出版。——译注

代史上设置了亚洲主义这根对抗轴，大概正是由于他身上存在的叛逆性思想态度。从征韩论到"大东亚战争"的日本近现代史的二重化，借助于竹内好设置的亚洲主义这根对抗轴，此刻才第一次形成。

亚洲主义就是竹内好针对规定着日本近现代史的中心轴而设置的对抗轴。何为中心轴？那取决于其与对抗轴——以其为对立面而设置的对抗轴——之间的关系。基于与亚洲各国的联合、作为亚洲国家的日本的自立性国家的形成——追求此种形成的亚洲主义这一对抗轴，通过设立这种对抗轴，日本——这个身处亚洲、作为指导性国家、一国式地专心追求欧洲式先进国家化的国家——的道路，作为贯穿现代日本国家形成过程的中心轴，被更加清晰地凸显出来。不过，我这里说的是亚洲主义是"竹内好设置的对抗轴"。这个对抗轴，是每一位抵制欧洲式原理一元统治下的先进国家化道路的思想者都能设置的。这里，我是依据竹内好的论文《现代的超克》与《日本的亚洲主义》，来探寻日本近现代史上亚洲主义这一对抗轴的意义的。正因为如此，我才说那亚洲主义是"竹内好设置的对抗轴"。进而，我也想通过将亚洲主义作为"竹内好设置的对抗轴"来表明：我并不采纳那种将亚洲主义作为日本近现代史上的思想实体并以此为前提提出的观点。所谓亚洲主义，如同竹内好所做的那样，是抵抗者、固守者在日本近现代史上设置的对抗轴。竹内好说所谓"亚洲"乃方法性的概念，① 而"亚洲主义"也同样是非实体性的、方法性的概念。由于竹内好设置了"亚洲主义"这一对

---

① 竹内好《作为方法的亚洲》，收入《日本与亚洲》。以作为方法性概念的"亚洲"为中心的问题，将在下一章我的结论部分详论。

抗轴，日本近代史才第一次作为对立、矛盾、冲突的二重性历史呈现出来，而且，"日华事变"也将永久战争式的思想性课题作为尚未解决的问题摆在我们面前。

最后，我想引用竹内好围绕福泽谕吉"文明论"撰写的论文《日本与亚洲》中的这段文字，作为引出本书最后一章所下结论的线索。这段文字是：

> 通过文明的否定而进行的文明重建。此乃亚洲的原理，把握该原理者乃亚洲。……日本是西欧还是亚洲，不应当仅仅依据工业化水平来判定。应当看到，那涉及是否能够用自己的力量发现更具包容性的价值体系，是否有能力完成文明的虚伪化。如果能够完成那种发现，即与亚洲的原理发生关联，否则，则只有与伪文明相伴而行。[①]

[①] 竹内好《日本与亚洲》，收入文集《日本与亚洲》。译者说明：这段文字中所谓的"完成文明的虚伪化"，是指揭穿欧美文明的虚伪性。故下文有"伪文明"之说。

第十一章
什么是由亚洲进行的超克?
——以《作为方法的亚洲》为中心

> 通过文明之否定而进行的文明之重建,此乃亚洲之原理,把握该原理者乃亚洲。
>
> ——竹内好《日本与亚洲》

> 在进行那种反攻之际,自身必须拥有独特之物。若问那为何物,我大概不认为那独特之物是作为实体存在的。但是,作为方法不是能够存在的吗?
>
> ——竹内好《作为方法的亚洲》

一 竹内好的"六〇年讲稿"

被用"作为方法的亚洲"这个题目命名的竹内好的讲稿,是在国际基督教大学作为由丸山真男和大塚久雄等人主持、以思想史方法论为中心的系列讲座之一而进行讲授的。该讲稿被收入1961年11月创文社出版的《思想史的对象与方法》(武田清子编)一书。①

---

① 收入《思想史的对象与方法》中的竹内好讲稿《作为方法的亚洲》,被补写、修改之后收入《日本与亚洲》(《竹内好评论集》第三卷,筑摩书房1966年出版,1993年作为"筑摩学艺文库丛书"之一册出版)。这里对《作为方法的亚洲》的讨论,依据的是课堂讲稿。

第十一章　什么是由亚洲进行的超克？

竹内的讲稿是何时讲授的？关于该问题，武田清子的"后记"中没有任何记录。不过，从武田所谓"过去近两年间"的连续授课这种表述来看，讲授大概是在 1960 年或者该年前后的时期。我姑且将其称为"六〇年讲稿"。收录了我在本书中所论竹内好重新讨论"现代的超克"诸文的《现代化与传统》[①]一书出版于 1959 年，而附有竹内好解说文章《日本的亚洲主义》一文的《亚洲主义》一书出版于 1963 年。[②] 由此看来，这份题为"作为方法的亚洲"的讲稿在课堂上被讲授，是在战后日本的重大转折点 1960 年这一时期，是在竹内好对昭和日本的反思性考察被置于与战后日本的抗争性交织关系之中而展开的那个时期。竹内在讲台上以学生为听众，以近现代中国和对于以近现代中国为比较对象的近现代日本的看法为轴心，平易地阐述了当时的思想性课题及其研究方法。而且，竹内在该讲稿的最后部分以"作为方法的亚洲"的界说作总结，且以此界说作为讲稿的题目。由于"作为方法的亚洲"这种表述，竹内好的这份"六〇年讲稿"，在半个世纪即将过去的现在，而且是在"东亚共同体"开始被呼唤的现在，[③] 成为促使我们以亚洲——处于现

---

① 竹内好：《现代化与传统》，(《近代日本思想史讲座》第七卷），筑摩书房 1959 年出版。
② 竹内好：《亚洲主义》（《现代日本思想大系》第九卷），筑摩书房 1963 年出版。
③ 恰好是在我开始撰写本书的这个时期，"国际亚洲共同体学会"负责人进藤荣一在《朝日新闻》（2008 年 1 月 21 日）上写道："冈仓天心曾经追求但未能完成的东亚共同体"，开始"孕育"了。译者说明：冈仓天心（1862—1913），美术评论家，与横山大观、菱田春草一起创立日本美术院，曾任波士顿美术馆东洋部部长，著有《日本的觉醒》《东洋的理想》等著作。明治日本代表性的亚洲主义者。

代世界之中的亚洲——的视角为中心认真进行重新思考的命题。

竹内在这份讲稿中是从重新认识日本的现代化展开论述的。不言而喻，对日本现代化的重新拷问是置身战后的竹内好的思想主题。而且，处理该主题的、应当称作"竹内好式"的方法，即在于通过将日本的现代化与中国的现代化进行对比，从而对前者进行重新追问。现代主义是通过与先进式的现代欧洲的距离与差异来诊断日本的现代，而与此相对，竹内好是通过与中国的后进式的现代进行对比，以重新审视日本的现代化之路并将其相对化。正是该视角与方法，赋予竹内好在战后日本思想界以独特位置。竹内在这份讲稿中，一边引用美国哲学家杜威——杜威1919年曾访问日本［与中国］而且恰好切身感受了正在发生五四运动的中国——的日中比较论，一边展开论述。五四运动是由反对日本对中国的帝国主义要求而引发的运动，这场运动本身显示了日中两国现代化过程的巨大差异。日本已经作为帝国主义国家即将成为世界列强之一，而中国则刚刚走上通往现代国家的崎岖道路。在那样的中国，杜威与五四运动相遇，发现了现代中国的萌芽。竹内用他自己的语言对杜威的日中比较论进行了如下归纳：

> 日本表面看来非常现代化，但实际上并不是那样。那是无根之物。他预言：如果这种状态持续下去，日本大概会灭亡。

> 当时所谓的中国，被国际社会看作不可救药、混乱、不可逆转地趋于解体的国家。在那样的国家中，学生们挺身而出，承担了自己国家的命运。那位杜威，通过这种青

年人的朝气，洞察了中国文明表面的混乱之下、潜藏在底流的本质。预见到其在今后的世界上将拥有发言权和影响力。表面上先进的日本是脆弱的，何时崩溃无法预知。他当时指出：中国的现代化是极为内发性的，即作为自己本身的要求而出现的变化，因此是坚实的。①

竹内好这是通过杜威来阐述他本人的反讽式现代化论。他根据那种伪装的表面性来否定日本已经完成的"现代"，而根据那种内发式的自立性将中国未完成的现代看作真正的现代。竹内就是这样首先通过日中比较论视角，向学生们提出了重新认识日本现代的问题。竹内用回答这里提出的问题的形式，对其日中比较论、日中现代化论述进行补充，最后阐述以从亚洲出发的现代化为中心的"作为方法的亚洲"，结束了讲授。

二 "作为方法的亚洲"

竹内在这份"六〇年讲稿"中，运用杜威的思考方法，进一步对其日中现代化论进行了下面这段补充。竹内在讲稿中确实是将那种思考作为杜威的看法讲述的，但那个杜威是竹内好式地重新建构的杜威。杜威的日中两国比较论被竹内好式地重新建构，于是有了下面这段现代化的类型论式的比较分析：

---

① 据《思想史的对象与方法》一书收录的《作为方法的亚洲》。着重号为引用者所加。译者说明：这里所谓的"内发性"，指不依赖于外来刺激、从内部自主发生的那种性质。与"外发性"一词相对。

日本现代化的情形是，在固有的日本之物上面，将西洋文明像砂糖似的从外面薄薄的裹上一层。中国不是那样，根据杜威的看法，所谓固有的中国式之物非常坚固、不会毁坏。因此不能马上适应现代化。但是，现代化一旦进入，其中的东西被打破，自发性的力量从中产生，本质性的差异即由此而生。我这里要说的是：中国表面上非常混乱，但是，在西洋人的眼中看到的现代性这一点上，中国远比日本更具有本质性。

竹内对于日本现代——使努力追赶欧洲帝国主义列强的强国日本出现于亚洲的"日本现代"——的批判，是在将"鲁迅式中国"作为批判性视角进行建构的同时展开于战后日本。[1] 对于我们这些身处战后日本、一边面临着帝国日本的战败现实一边切实地倾听着新生人民中国脚步声的人来说，竹内好的这种话语展开拥有作为日本现代批判的根本性。但是，当这种批判日本现代的话语，在目睹那作为中华人民共和国而存在的确切社会现实的同时、不久又作为日中现代化比较论被类型建构式地重新阐述的时候，其日本现代批判的根本性即不幸地消失在什么地方了。就是说，日本的这种"现代"没有被历史性地追问，被追问的是现代化的结构性类型——是内发性的还是外发性的？是本土性的还是输入性的？而且，所谓内发性现代即亚洲式的，而外发性现代之中欧洲性原理则被看作处于

---

[1] 关于从"鲁迅式中国"的视角进行的日本现代化批判，请参阅本书第八章《日本现代批判与"奴隶论"视角——竹内好与两个鲁迅》。

统治地位。从这里,所谓"亚洲式现代"这另一种"现代"的理念产生了。竹内在用"六〇年讲稿"进行日中比较的时候,讲稿提供了应当称作"后竹内式"的"亚洲式现代"这种话语。这是他曾经预想到的吗?竹内尽管是通过杜威来阐述日中现代化的类型,但他对于自己的阐述并没有信心。他在进行了上述的日中现代化比较论之后,立刻说了这样一段留后路式的、有解释意味的话:"这是个难解的问题,我本人也不能说是怀着确信下这种判断,所以我只是提示大家那里存在着应当考虑的问题。并不是说我们的国家不行,日本人依然拥有作为日本人的优点。总而言之,明治维新是一场了不起的运动。"

在建构后进亚洲之中的内发性现代化这种类型的时候,这种类型论式的理论建构本身,即自然地在这种现代化的基础方面对某些亚洲式之物即亚洲性实体提出了要求。所以,理所当然地,从竹内好这个讲座的听众之中,出现了对于建立在亚洲式之物基础上的现代的追问。某位提问者,在指出战后日本社会中美国式民主主义教育之破产的同时,向竹内好询问以亚洲式之物为基础的教育的可能性。这位提问者就是直接接受了竹内好的现代化比较论。于是,从这种询问之中,竹内好的"作为方法的亚洲"一语被作为答案引导了出来。

竹内好在回答该问题的时候首先阐述了人性价值的共通性。对于那个问题而言,竹内好的这种回答方法是重要的。这种回答方法,表明了他并非那种追求亚洲式——欧洲式之物的实体化的思想者。人性价值、文化价值都是共通的。现代社会所建立的自由、平等这类价值理念也是共通的。不过,那些价值理念是由现实中的人承担、渗透到社会之中的。所谓现代,即欧洲凭借军事力量将亚洲在先进与后进、统治与从属这种关系之中进行定位的时代。这样,由那个欧洲所建立并体现的自由、平等等价值观念发生了质变。对于作为统治一方的欧洲来说,那成了自以为是、自我中心的理念,而对于处于从属位置的亚洲来说,那成了强制性的、被给予的理念。如果借用竹内好的话来说,就是:"自由、平等之类的文化价值观,在从西欧渗透过来的过程中,不言而喻……由于它是通过殖民侵略而获得支撑的,因此该价值本身弱化了。"竹内是说:能够重新将此种已经弱化的价值提高到固有程度的,就是亚洲。

为了更大规模地实现西欧式优秀文化价值,再一次由东洋反过来将西洋包含,在相反的方面,西洋本身从自己一方开始变革,为了通过文化性的反攻或者价值层面的反攻,东洋之力将西洋创造的普遍性价值进行更高的提升,而改革西洋。这成为今天"东对西"的问题点。……在进行那种反攻之际,自身必须拥有独特之物。若问那为何物,我大概不认为那独特之物是作为实体存在的。但是,作为方法不是能够存在的吗?(着重号为引用者所加)

所谓"作为方法的亚洲",就这样由竹内好提出。针对被置于欧洲对立面的这种现代,建构某种"作为实体的亚洲"与之对立——竹内的表述所提示出来的与此不同,他阐述的是从亚洲出发反过来吸纳这种现代并进行革新的道路。但是,竹内好的继承者们却并不那样理解竹内好此语。

三 "作为方法的中国"

沟口雄三名为《作为方法的中国》[①]的这本著作是在1989年6月出版的。1989年，是因发生在中国的那场重大事件而留在人们记忆中的年头。在那前一年即1988年的秋天，我身在北京并且预感到即将有事件要发生。在北京，我在讲授日本思想史课程的课余时间，撰写了当时在《现代思想》杂志上连载的《作为"事件"的徂徕学》[②]一书的部分章节。我通过那本书完成了思想史研究的方法性转换。沟口也是目睹了被称作"十年动乱"的"文革"之后的中国——即国家的主导方针发生由政治主义向经济主义的重大转换的中国，撰写了包含着对中国研究的战后性视角进行决算意味的《作为方法的中国》一书。沟口是充分意识到了竹内好的"作为方法的亚洲"而提出了"作为方法的中国"这种表述。不过，1989年沟口所说的"方法"是1960年竹内所说的"方法"吗？

> 所谓以中国为方法，即以世界为目的。想来，至今为止的、以中国为"目的"的中国学——中国缺席的中国学

[①] 沟口雄三:《作为方法的中国》，东京大学出版会1989年出版。著者在该书"后记"结尾处注明的写作日期为4月22日。
[②] 《作为"事件"的徂徕学》，青土社1990年出版。本书中的各章，从1988年4月开始，几乎是隔月一次地分十次连载于《现代思想》杂志。译者说明：荻生徂徕（1666—1728），江户中期的儒学学者。初学朱子学，后倡导古文辞学，基于古典主义立场宣扬注重政治与文艺的儒学。著有《弁道》《论语征》等。

这里已经不成其为讨论对象——是试图将世界作为方法来看待中国的学问。……世界对于中国来说之所以是方法，是因为世界仅仅是欧洲，于是，反过来说就是：所以，世界对于中国来说能够成为方法。

所谓以中国为方法的世界，就是将中国作为构成要素之一，换言之就是将欧洲也作为其构成要素之一的多元世界。

这两段话是从沟口《作为方法的中国》中、并且是从以"作为方法的中国"为题的一章中引用的。对我而言，沟口的文章难于理解。尽管即使从其难解的文章中引用这一部分也不能理解其所谓"作为方法的中国"，但这种引用能够成为理解的线索。他所谓的"方法""目的"等，好像是指认识论层面的方法或者目的。在这里，中国学、中国研究领域、中国认识的应有状态等等受到追问。东方主义这一从欧洲视角出发的中国认识、构成了传统"支那学"的那种中国认识，乃以中国作为目的、以世界作为方法的认识，沟口说这是"作为目的的中国"式的认识。用世界的革命图景来评判中国革命这种马克思主义式的中国认识，同样被沟口纳入其"作为目的的中国"式的认识之中。那么，什么是"作为方法的中国"？沟口说那就是以独特的中国为方法来认识世界（欧洲）。他是说：将中国作为中国来认识，即认识无法还原到欧洲世界史之一元性中去的中国，通过这种认识阐明世界自身的多元性成分，这就是"作为方法的中国"这种世界认识的理想形态。

这是我解读的沟口的"作为方法的中国"。我在进行这种解读的过程中发现,这是京都学派高山岩男《世界史之哲学》①的翻版。高山从日本出发讲述的世界史的多元化,在沟口这里是从中国出发来讲述的。该问题留待下文详论,这里还是思考"作为方法的中国"作为后竹内式话语具有怎样的意义。沟口通过将竹内好的"作为方法的亚洲"限定于认识论层面的问题,建构了"作为方法的中国"这一批判性视角。这里的问题是,亚洲的、尤其是中国的历史被依据欧洲建构的世界史的普遍标准来判定。中国是否"现代"被欧洲价值基准所决定,这是问题所在。所以,在沟口这里,成为课题的,是中国的历史独特性被用将欧洲式历史相对化的方式进行发现。进一步说,中国独特的现代被作为将欧洲式现代相对化的价值而发现,成为沟口的课题。这样,"作为方法的中国"即成为发现中国式现代的方法。

在本书第八章已经涉及的日本版竹内好学术研讨会(爱知大学,2006年②)上,沟口作了题为《作为方法的"中国独有的现代"——从明末清初到辛亥革命·追寻历史的轨迹》的报告。他在报告中将自己对"中国独有的现代"之模式的发现看作对竹内好的正确继承,这样说:

> 中国的现代乃拥有固有模式的现代,是与西欧型以及追随西欧的日本型不同的类型,应当称作所谓"第三种现

---

① 关于高山的《世界史之哲学》(岩波书店,1942),请参考拙著《现代日本的"亚洲"观》第一章《"世界史"与亚洲和日本》,藤原书店2003年。
② 这次研讨会的论文被编为《超越无根的民族主义——重新思考竹内好》一书,日本评论社2007年出版。

代"。——这是竹内好的一贯主张。竹内认为：那不同于原封不动地模仿欧洲型的日本型现代，而是植根于中国民族固有文化的现代。①

沟口是将"中国独有的现代"作为竹内观念进行阐述的，但所谓"中国独有的现代"并非竹内的观念。这里的竹内是被沟口继承并重新建构的竹内。就像竹内已经多次阐述的，他是在欧洲与亚洲即20世纪所拥有的、从政治贯穿到文化以及我们的思考之中的"现代"这种关系性之中，来思考亚洲的，而不是试图将其作为欧洲的对抗者、实体性地思考亚洲。不过，竹内好所展开的、从内发性——外发性出发的日中比较论，有可能超出他本人的关系论式的思考，导引出"亚洲式现代"或"中国式现代"这种实体化——这一点我前面已经论及。确实，沟口居然通过竹内好建构并阐述了"中国独有的现代"。沟口反对通过鸦片战争来思考中国现代化过程的起点这种通行的、被普遍接受的观念，进行了如下论述。这段论述稍有些长，但是作为明确呈现了沟口对于"现代"进行实体化思考的论述，我这里还是不吝篇幅进行引用：

就是说，人们承认，在以鸦片战争作为现代开端的道路之前，在16世纪至17世纪的明末清初，中国已经展开了自己独特的历史。这是我想说的。而且，我认为，那种展开并未得到与其相称的理解与接受。若用比喻性的说法，

---

① 沟口雄三：《作为方法的"中国独有的现代"——从明末清初到辛亥革命·追寻历史的轨迹》，收入上述《超越无根的民族主义——重新思考竹内好》。

王朝体制的历史乃巨树的树干，16世纪至17世纪能够看到的变化是发生在树干深处的变化，与此相对，鸦片战争之后的变化表面上轰轰烈烈，但实际上只是表层的、局部的、能够看到的变化。可以这样说。尽管如此，后来鸦片战争之所以会吸引目光，是因为它包含着殖民地化的危机，知识界的救国呼声异常高亢。实际上，16世纪至17世纪的变化波及范围更广。可以这样认为。按照竹内好的思考方法，大概可以说，鸦片战争之后的变化是外发性的，与此相对，清末民初的变化是内发性的。（着重号为引用者所加）

竹内好也反对用鸦片战争来划分中国社会进入现代的时期这种观念，提出了将五四运动作为中国走向现代之转折点的看法。[①]沟口也引用了竹内好的主张，即竹内所谓的"'五四'是广泛的社会革命，同时也是精神革命。……就是说，乃迈向现代的转折点。……强迫中国开始现代进程的是欧洲，但由于抵抗那种强迫，中国反而将现代作为自我之物而迈开了脚步。这里，日本与中国的现代化方向存在着决定性差异，同时，也成为日本人未能理解中国的原因。"[②] 这里，竹内好之所以认为历史的转折点在五四运动而不在鸦

[①] 这种观点是竹内好1943年在《关于现代支那文学精神》等文章中提出的。此文收入《竹内好全集》第14卷，筑摩书房1981年12月出版。相关问题请参阅译者在《"内在现代性"与相关问题——论竹内好对〈倪焕之〉的翻译与解读》一文中的论述。文载《文学评论》（双月刊）2017年第3期。——译注

[②] 竹内好的这段文字出自其《胡适与杜威》（收入《竹内好评论集》）(转下页)

片战争，是因为他在抵抗欧洲式日本（帝国主义日本）的、中国民族能量的第一次展现之中，看到了迈向自立性现代之形成的最初一大步。离开这种进行抵抗的中国民族主义，竹内好绝不会将中国的现代化与日本的现代化对立起来讨论，更不会到明末清初即16世纪、17世纪的中国社会中去寻求"中国独有的现代"之类。沟口这里的此种所谓"中国独有的现代"的实体化，是"作为方法的中国"这一认识视角——对竹内好"作为方法的亚洲"进行认识论式的限定或进行歪曲的认识视角——所造成的结果。

1948年，竹内好倾听着人民中国走向成立的足音，写道："已经能够看到：东洋通过持续进行抵抗，在以欧洲式之物为媒介的同时，超越欧洲的、非欧洲式之物正在产生。"[①]这是面向未来的希望之语。在那六十年之后的2007年，沟口以中华人民共和国巨大的世界性存在为背景，说：唯有"中国独有的现代"才是历史的实像，"在那实像被明确展示出来的时刻，西洋途径的现代框架即变为无效"[②]。不过，这种言辞究竟是要表达什么？这是要求进一步回溯历史、对已经成为全面大国的中国的独立存在进行重新确认吗？通过这种操作，欧洲式现代的框架之中的什么成为无效的了？实际上，充其量，迄今为止，既存世界仅仅是被迫通过调整自己的框架来适应大国中国。21世纪世界的现状正是那样。不过，这个结论下得太早。下此结论之前有必要重新将"作为方法的中国"这种理

（接上页）第三卷《日本与亚洲》）一文。这里是原封不动地抄写沟口的引文。
① 这是竹内好在《中国的现代与日本的现代》（1948年11月）中说的话，收入《日本与亚洲》。
② 见前引沟口的《作为方法的"中国独有的现代"——从明末清初到辛亥革命·追寻历史的轨迹》。

论作为"现代的超克"论进行分析。

四 什么是从亚洲出发的超克？

沟口的"作为方法的中国"理论，倒也是限定在对于"现代"的认识问题之中，但他试图将中国及其近代史从基于欧洲现代价值标准的一元性历史统治中解放出来，是超克欧洲式现代的理论。通过证明"中国独有的现代"来解构欧洲一元性世界史、努力提供多元性世界史的"作为方法的中国"理论——限于这一点而言，即高山等人"世界史的哲学"这一"超克论"的翻版。那么，为何说是翻版？

无论是京都学派的世界史的立场，还是其东亚协同体论-东亚共荣圈论，都是以日本为中心的、基于亚洲的超克论。这些以超克欧洲式现代为目标的理论操作，其主体部分包含着东亚协同体——作为道义性国家日本及其指导性中心的东亚协同体——的建构操作。这种操作自身，就是针对欧洲式现代，重新将日本式-亚洲式现代即超克之后的现代做对比性的建构。与利益社会性质的欧洲相对的共同社会性质的亚洲，被对抗性地作为功利性帝国主义欧洲对道义性八纮一宇的日本建构起来。昭和时代第一个十年间日本文化领域的各种学问，即历史学、民族学、社会学、伦理学、哲学等，其课题之中都或多或少地包含着这种日本与亚洲的理念性重建工作。[①]那曾是重新建构超克了欧洲式现代的日本式-亚洲式主体

---

① 关于此类重新建构工作的代表性例证，我在《日本民族主义之解读》（白泽社，2007）中进行了阐述。

的工作。立足于亚洲-日本的超克现代的志向,努力实体性地将超克主体亚洲-日本作为亚洲式国家-共同体进行重新建构。于是,由于实体性亚洲-日本的出现,现存的欧洲一元性世界走向多元性世界并获得解放。如果这样认识 1940 年代日本的"现代的超克"论,那么读者大概就会理解我所谓"'作为方法的中国'这一超克论乃战争时期日本超克论的翻版"一语的含义。"作为方法的中国"也是试图重新建构作为实体的"中国独有的现代",是试图通过这种建构超越欧洲式现代这种一元性价值标准。但是,通过建构亚洲式(日本式-中国式)实体而展开的现代的超克论为何不能成立?对于借助竹内好的"作为方法的亚洲"、以实体性亚洲作为前提或者将实体性亚洲作为结论引导出来的做法,我均予以否定。否定的原因何在?

　　京都学派的"世界史的哲学",就是将"现代的超克"论进行历史哲学式呈现的昭和战争时期的话语。高山岩男因撰写《世界史的哲学》[①]一书而代表了这种"世界史的哲学"的立场。由于近代以来欧洲社会向世界的扩张,以至于出现了"世界是否已经作为基于欧洲原理的一元性世界而形成?"的观点。——高山首先这样阐述。那也正是欧洲宣扬普遍性世界史的理由所在。所谓现代世界,即欧洲的现代性原理的普遍性被宣扬时代的世界。不过,此前的第一次世界大战乃宣告欧洲式现代终结之战。高山说"一战"乃宣告普遍性世界史之终结的历史事件。但是,"一战"之后,欧洲式世界秩序被作为盎格鲁-撒克逊式秩序而继承下来。那是"近代世界

[①] 高山岩男:《世界史的哲学》,岩波书店 1942 年出版。高山另有《日本的课题与世界史》一书,弘文堂书房 1943 年出版。

的原理被原封不动地延长"的结果——那就是凡尔赛体制。到了1930年代，出现了转换该体制的要求，这种要求不久引发了欧洲大战——而现在这场大战，才是真正的"宣告现代终结"的战争。关于这场大战的性质，高山说："这是以我日本为主导者的大东亚战争，极其明确，不包含任何疑义。"所谓"大东亚战争"，就这样成了包含"世界史的转换"与"新世界秩序"的建设这种世界史理念的战争。

"九一八"事变、脱离国际联盟、"七七"事变等，贯穿于这一系列事件之中的我国意志，不外乎对立足于欧洲现代性原理的世界秩序的抗议。通过去年12月8日在向英美宣战的同时开始的霹雳般迅猛的大东亚战争，努力打破陈旧的近代世界的秩序、建设新世界秩序的精神，越来越展现出真正的姿态，这种精神甚至已经给予今天世界史之趋势以不得不变动的决定性方向。

"大东亚战争"是应当给由欧洲的现代性原理建构的现存世界秩序带来转换的战争。承担这场带来转换的战争、通过这场战争而实现的，即道义性国家日本所指导的、由道义性纽带所构成的东亚共荣圈。所谓"大东亚战争"，实际也就是担负着超克现代之课题的、世界观性质的思想战。

这里之所以再次大篇幅地引用"世界史的哲学"的倡导者——竹内好从中读出了永久战争这种思想战逻辑的"世界史的哲学"倡导者——所阐述的"现代的超克"论，是因为必须阐明这种超克论仅仅是为"大东亚战争"进行辩护的修辞。所谓应当通过战争超克

203

的"现代",不外乎同样在进行战争的自我——对于这一点,超克论始终进行掩盖。毫无疑问,昭和战争时期的"现代的超克"论,是在掩盖作为帝国主义国家已经完成了"现代"的日本这一前提下被制造出来的逻辑。"七七事变"对于日本和日本人来说即为了掩盖自己的真面目而不得不继续演出的战争剧——这一点我在本书中已经多次指出。在《文学界》的那次座谈会上,明言"现代即我们自身,现代的超克即我们自身的超克"[①]的,也仅有下村寅太郎一人。遮蔽作为世界列强之一而投入帝国主义战争的这个日本而展开的"现代的超克"论,唯其如此才只能成为论证日本战争之合理性的逻辑。尽管如此,为何"现代的超克"一语会征服感动于昭和十六年(1941)十二月八日之宣战的知识人,给予那场战争以"现代的超克"这一课题?关键在于,它是被置于与欧洲相对的亚洲这一现代世界的地缘政治学图景中来论述的,日本伪装成处于代表那种亚洲的位置。阐述这种欺骗的竹内好,将取代伪装的日本进行抵抗的亚洲(中国)作为"方法性"的基础,阐述了对于超克欧洲现代这一思想战的继承。但是,在21世纪的现代亚洲,这种思想战能够成立吗?这里,假如回到沟口"作为方法的中国"这一超克论,那么可以说,对于"中国独有的现代"的表述,仅仅构成了论证现代国家中国的修辞。难道不是这样?那一表述难道不是仅仅掩盖了现代中国——被将世界包含其中的现代资本主义逻辑带着其膨

[①] 此语本身并非在座谈会上所言。座谈会发言记录作为单行本《现代的超克》(创元社,1943)出版之际,下村在该书所收的论文《现代的超克之方向》中这样说。译者说明:下村寅太郎(1902—1995),京都大学毕业,哲学家,主要研究数理哲学、精神史。著有《文艺复兴的艺术家》《科学史的哲学》等。

胀的病理而深深侵入的中国——的现状吗？难道不是这样？

五　再谈"作为方法的亚洲"

我们还是再次回到竹内好对于"作为方法的亚洲"的最初阐述来进行思考。竹内阐述的是：通过由东洋反过来吸纳西洋现代所拥有的自由、平等等卓越文化价值，使其重新焕发已经失去的光彩，进一步提升其价值。那就是从东洋出发反攻西洋。"在进行那种反攻之际，自我之中必须拥有独特之物。若问那为何物，我大概不认为那独特之物是作为实体存在的。但是，作为方法不是能够存在的吗？"——竹内好是这样提出"作为方法的亚洲"的。这里，竹内之所以称之为"作为方法的亚洲"，即使是从上下文来看，显然也是相对于"作为实体的亚洲"而言的。那种反过来吸纳欧洲的所谓亚洲式的价值性实体并不存在。亚洲式这种实体，总是作为自己一方的幻象被寻找出来、制造出来，以掩藏亚洲的实象。竹内好否定那种努力建构"作为实体的亚洲"并以之反击欧洲的思想路线。那么，所谓"作为方法的亚洲"，是从怎样的亚洲出发进行反击的呢？

竹内在将这篇提出"作为方法的亚洲"的"六〇年讲稿"收入其评论集《日本与亚洲》的时候，对讲稿进行了若干补写、修改。"结语"部分也做了如下修改："在进行那种反攻之际，自我之中必须拥有独特之物。若问那为何物，我大概不认为那独特之物是作为实体存在的。但是，作为方法，即作为主体形成的过程，不是可能存在的吗？我是这样认为的，所以确定了'作为方法的亚洲'这个题目，但尽管如此，我却没有能力对其做出明确界定。"这是略带说明性的补写。但是，如同他自己所言，即便如此，那种命题被提出的含义也并未变得更明确。不过，将"作为方法"改为"作为主体形成的过程"这种补写具有参考价值。如果从竹内好的战后评论的上下文来思考"作为方法的亚洲"，那大概是说：通过从抵抗性、自立性亚洲的立场重新把握，欧洲式现代所拥有的自由、平等等价值也能够重新焕发已经失去的光彩。不过，所谓自立性亚洲，即使是进行抵抗的主体，也并非作为实体的亚洲性民族主体，并非亚洲性独特国家。就是说，在实体性亚洲被对抗性地设定出来的时候，那种实体性亚洲自身的隐藏亦随即开始。而且，"超克"这一逻辑也不幸地成为自我辩解的欺骗性修辞。竹内是说在抵抗的地方存在着亚洲。所谓"作为方法的亚洲"，如果将竹内进行的补写纳入其中考虑，他说的大概是在世界史上持续划定"亚洲"这一抵抗线的斗争过程。在竹内这里，所谓"作为方法的亚洲"，是对欧洲式现代进行反攻并将其革新的、从亚洲出发的持续性思想战。

我们身处被21世纪的全球资本主义所吸纳的现代亚洲。在这里，"开发"这一现代化进程，被用明显加剧社会失衡、破坏自然的形式推进。20世纪上半叶的昭和前期日本，从被欧洲式世界秩序吸纳的亚洲出发，将重组那种世界秩序的要求作为为建设"东亚新秩序"而进行的战争展现出来。所谓"东亚新秩序"的建设，乃发动"十五年战争"的日本的国家目标，乃战争的理念。以倡导"世界史之哲学"的哲学家们为首的昭和知识人，赋予这种建设"东亚新秩序"的战争以承担着"现代的超克"之课题的思想战性质。日本的战败，将"在亚洲而非亚洲的日本"充当东亚盟主这一事实的欺骗性显露出来。将这个日本作为"奴隶性日本"进行否定的是竹内好。经那位竹内好之手，"现代的超克"被作为以"抵抗的亚洲"为思想基础、从亚洲出发的持续性思想战重新组合。那就是"作为方法的亚洲"。竹内好已于 1977 年去世，而那些学者们置身于 21 世纪的现在，仍试图将这位竹内好留下的"作为方法的亚洲"作为导向新斗争的话题来接受、继承。

在 2008 年的今天，"东亚共同体"的形态开始在日本舆论界被清晰地描绘出来。不过，从日本出发的对于"东亚共同体"的表述，在何种意义上是对于"亚洲市民"之希望的表述？1938 年，在对"东亚协同体"进行理论建构的日本知识人那里，首先被记起的是冈仓天心所言"亚洲是一体的"。在 2008 年的日本，冈仓天心此语再度被记起，"东亚共同体"也开始被公开阐述。①1938 年的"东亚新秩序"，乃为了掩盖日本的帝国主义战争所造成的亚洲惨况的"日本式和平"方案。那么，2008 年的"东亚共同体"这一出自日本的"亚洲式和平"方案要掩藏的是什么呢？不言而喻，那就是现代化用进一步加剧社会失衡、使生活环境更加恶化的形式继续制造的现代亚洲的惨状。现在从日本提出的"东亚共同体"的表述，并非仅仅是为了掩盖这种亚洲的悲惨，而且是甚至对加剧这种悲惨的自己本身都进行欺骗的希望的提案。如果竹内好面对此种状况，大概会说：唯有在对这种虚假的希望的提案说 No 的地方才存在着亚洲。在 21 世纪的现代，所谓"作为方法的亚洲"，就是针对现代世界——在全球范围内破坏人类生存条件的同时，借助发展与战争用自己的一元化文明同化多元文明的现代世界——的霸权文明及其制度体系，从亚洲出发持续地明确说 No，持续怀有改变那种

---

① 本章第 4 条注释所言"亚洲共同体学会"主办的学术研讨会"东亚共同体与冈仓天心——展望 21 世纪亚洲"，召开于 2008 年 2 月 23 日。

文明及其制度体系的意愿。在这里，我想再一次引用前一章"亚洲主义这一近现代日本的对抗轴"结尾处引用过的竹内好的话：

> 通过文明的否定进行的文明重建，此乃亚洲的原理，把握该原理者乃亚洲。……日本是西欧还是亚洲，不应当仅仅依据工业化水平来判定。应当看到，那涉及是否能够用自己的力量发现更具包容性的价值体系，是否有能力完成文明的虚伪化。如果能够完成那种发现，即与亚洲的原理发生关联，否则，则只有与伪文明相伴而行。①

但是，成为话题的为何是亚洲？为何由亚洲进行的文明的否定与重建被提出？亚洲在何种意义上能够拥有否定伪文明的资格？这是我最后必须回答的问题。竹内好写下上面这段话的时候，他已经能够看到即将构成第三世界的亚洲-民族主义。那是初创期亚洲所进行的否定与创造的自立性运动。那种民族主义，现在的我们在亚洲的背后已经无法看到。现在，民族主义只是从各不相同的国家所背负的世界体制性危机、社会共同性的丧失、国民的分裂之中产生，给予自己暂时性统合幻想的自欺欺人的运动。亚洲通过民族主义的再生而获得再生，早已不可能。不能误判。因为亚洲的再生并非目的。"东亚共同体"是从以亚洲为目的的地方被捏造出来的。所谓"作为方法的亚洲"，就是将说 No 的亚洲作为针对伪文明的抵抗战线画出来。问题是，在那条抵抗线上，亚洲怎样做才能成为抵抗线？那依赖于将创造亚洲的意志——使殖民地-从属型亚

---

① 竹内好：《日本与亚洲》(1961 年 6 月)，收入《日本与亚洲》。

洲向自立性亚洲转换的意志——作为由杀与被杀的文明向共生的文明转换的意志进行的再生。但是，日本拥有画出那条抵抗线的资格吗？——这是留到最后的、最后的问题。对此我想这样回答：唯有作为不战之国的战后日本的自立，才能给予我们些许画这条抵抗线的资格。我们曾经在1960年将建设那种非战国家的意志作为追求亚洲的自立性安全的意愿表达出来。竹内好提出"作为方法的亚洲"，就是在那样的1960年。

后　记

　　本书是由在《现代思想》杂志（青土社）上从去年即 2007 年四月号至今年三月号分十二次连载的《现代的超克》汇编而成的。去年连载开始的时候，我有明确的写作目的。本次写作的前提之中，包含着一种现实性的事态——应当称作 21 世纪式的现代世界的政治性、经济性进展增强了人们对于"亚洲"或者"东亚"的地域性关心。不言而喻，中国作为经济大国的"崛起"现象，进一步强化了这种关心。所谓"东亚共同体"，已经不是从历史中徘徊而出的幻影，而是正在成为具有现实感的讨论对象。不过，我们在昭和时代的"十五年战争"的体验之中，已经有过"亚细亚""东亚"的理念，也有过"东亚协同体"的理念。我们怀有与昭和日本的"十五年战争"密不可分的"东亚"体验，而且我们拒绝忘却那种体验。那么，现在我们面对伴随着充满期待的呼声呼之欲出的"东亚共同体"构想，应当发出怎样的声音？如果我们现在再一次表述"亚洲"，那应当是怎样的"亚洲"？促使我撰写这些连载文章的动机之一，即在于作为思想史学家应当如何回应这种来自现实世界的需求。

　　好像是与这种现实性的需求相重叠，另有来自我本人思想史研究课题的需求。从 2005 年 11 月开始，我在"联合 21 学术思想讲座"① 讲授"日本民族主义解读"。讲授的内容是通过本居宣长、福泽谕吉等人完成对于昭和日本民族主义话语的解读。在那个讲座上讲授的从本居宣长到橘朴的十次讲稿，已经编成《日本民族主义解读》(白泽社，2007)一书出版。这部讲稿的编写过程，促使我正视昭和时期"十五年战争"那个时代的话语状况。对于日本知识人在昭和时期"十五年战争"这个年代建构的自我理解话语，我用"现代的超克"一语进行总括，举办了新的讲座，并将讲稿连载于《现代思想》杂志。那么，为何名之曰"现代的超克"？答案正是本书阐述的内容。在这里我只想说一句：昭和十六年（1941）十二月八日的宣战在日本知识人中造成的知识性战栗，被河上彻太郎归纳为"现代的超克"一语——此中包含着那样命名的理由。我的讲稿《"现代的超克"之解读》，与讲稿《日本民族主义解读》有直接的承续关系。

促使我转向"现代的超克"论的这两个动机之中，竹内好均以深刻相关的形式存在着。在现代日本的舆论界，"亚洲""东亚"问题的复权与对竹内好的重新评价相伴随。以竹内好为主题的国际、国内学术研讨会连续召开，现代的"亚洲"复权者们，从竹内好著作中将"另一种现代"或者"亚洲式（中国式）现代"作为"真正的现代"解读出来。这样伴随着"亚洲"而成为主题的竹内好，也是对战时"现代的超克"论或者日本浪漫派-保田与重郎的文学运动进行战后式再评价的人。正因为如此，我所进行的"现代的超克"论的解读工作，才将批判竹内好作为最初的原动力。被编为本

---

① "联合"一词日语原文用片假名写作"アソシエ"。——译注

书第一、第二两章的最初连载文章，是立足于针对竹内好浪漫派式话语的批判性视角进行写作。但是，在本书后面的几章，即在连载的最后阶段，我在直接面对竹内的"亚洲"论，尤其是其"作为方法的亚洲"论的同时，积极地对其进行了重新解读。从其"作为方法的亚洲"论之中，我引申出了现在我们关于"亚洲"应当讲的话。通读本书的读者，也许会指出我对竹内好评价内容的变化。不过，在我这里，对竹内评价的变化是从竹内自身的言论之中将"后竹内式言论"区分开来的结果。通过进行这种区分，竹内好"作为方法的亚洲"这一界说的积极意义被解读出来。

　　竹内好认为"现代的超克"论的主要内容毋宁说是由《文学界》那场座谈会的缺席者阐述出来的。按照竹内此语，我到"东亚协同体"论述者、"大陆问题"的专业新闻工作者、"世界史立场"的哲学家以及"日本浪漫派"的文学家等多种人的言论中去追寻昭和时代的话语性踪迹。为了追寻这昭和的踪迹，我和往常一样奔走于旧书店、旧书展销会。我是在搜购《中央公论》《改造》《文艺春秋》以及《日本浪漫派》等旧期刊。这样做是因为我试图到实际出版物当中去追寻昭和前期那个时代的话语踪迹。买不到的旧期刊，就到国会图书馆去，转动幻灯机阅读缩微胶片。通过这种努力，在以某种杂志为单位的昭和的具体话语性时空中，我得以读到诸如"东亚协同体"论的相关论述。那是将政治学者的论述与从军作家的小说并而读之。而且，我也因此知道毛泽东的《论持久战》《论抗日游击战》被翻译为日文，与知识界名人们的"东亚论"同时刊载。那是伴随着诸多发现的资料查阅工作。我将每月的最后一周作为撰写连载文章的时间。每一次，我在写作过程中都会体验到一种不由自主的振奋。那是未曾有过的写作体验。那是由话语性考

后 记

察——对于依然残留在我少年时代的记忆之中的昭和"十五年战争"进行话语性考察——这项工作带来的振奋。

以"现代的超克"为总题的连载文章，就是这样对昭和时代"十五年战争"时期知识人的诸种话语形态展开了批判性分析。那是涵盖了从政治性话语到哲学性话语、文学性话语在内的具有现实针对性的话语。我将这些对于昭和知识人自我理解式地建构起来的诸种话语形态的批判性考察与分析，称为"昭和意识形态批判"。本书序章（第一次连载的部分）的副标题，即为此种表述。在这种知识人自我理解的话语之中，能够发现以日本的"现代"为中心、应当称作"昭和性"的那种话语特质。那是一种决定了昭和知识人自我理解之理想形态的话语特质。他们是使用"东"与"西"这种地缘政治学性质的框架展开对"日本现代"的理解的。"东"通过与"西"相对而获得鲜明的自觉性，就是在昭和时代。所谓"现代"，即作为欧洲式现代而自我对象化。因此，作为反"现代"话语的"反-现代主义"，成为日本浪漫派最为重要的意识形态。但是，所谓"反-现代主义"，并非仅仅属于日本浪漫派，也是昭和日本曾经拥有的意识形态与自我理解话语（参见本书第一章）。所谓对于该"现代"的超克，确实就是"昭和意识形态"。不过，该意识形态并未随着昭和时代的终结而终结。表述新型"现代的超克"的"反-现代主义"，作为追求"亚洲式真正的现代"的话语，在21世纪的日本被三番五次地再生产。因此，我必须撰写作为"昭和意识形态批判"的这本书。

构成该书的诸篇论文，在《现代思想》杂志上连载的同时，我也在每月的"昭和意识形态研究会"例会上宣讲。我的论述每个月都有具体的听众，这对于我来说是莫大的鼓励与支持。有时候，还能得到他们的批评与指正。这些听众、支持者当中也有年轻的中国朋友。这里，我要再次向研究会的各位表示感谢。尤其是对于作为干事推动研究会正常运转的早稻田大学的清家龙介、中村香代子两位，表示衷心感谢。

最后，再次感谢安排本书各章在《现代思想》杂志上连载的主编池上善彦先生，感谢担任本书编辑、细致而迅速地完成本书出版工作的青土社编辑水木康文先生。

子安宣邦

2008年4月3日

竹内好的"现代"话语(代译后记)

董炳月

何谓"现代的超克"?——对于日本读者来说这是个问题,对于中国读者来说尤其是问题。强调"尤其是",是因为,对于中国读者来说,"现代的超克"这一命题来自日本并且已经陈旧,国境线与时间的阻隔是理解的障碍,相关资料的匮乏更是使全面理解难以进行。十多年前,即 2005 年前后,竹内好成为中国现代文学研究界的话题,有学者侈谈竹内好,引起日本学者坂井洋史的困惑与不满。坂井在《略谈"竹内好"应该缓论》一文中说:"2005 年 5 月,我参加了在华东师范大学召开的'中国现代文学研究:重建学科的合法性'研讨会,恕我直言,会上有个现象令人啼笑皆非。很多年轻的研究者在没有任何必然性的情况下也动不动提到竹内的名字(是否 [是因为] 与会者中有几个日本人,所以出于礼貌才这样说),但深入理解竹内的前提,即对现代日本社会、思想、文学尤其是日本 modernization 整个过程及其思想局限等语境要有基本的了解,在这方面大家似乎很欠缺。换言之,我认为他们对竹内的'认识'是断章取义的,是极为功利化的'拿来主义'。"[①] 坂井文章的题目大概是模仿鲁迅《论"费厄泼赖"应该缓行》的文题,对"拿来主义"一词的使用也很机智。他说的是事实。类似的现象也曾经存在于中国学者对于以竹内好为媒介进入中国的"现代的超

[①] 《鲁迅与竹内好》第 255 页,薛毅、孙晓忠编,上海书店出版社 2008 年 10 月第 1 版。[ ] 内的文字为引用者补充。

克"这一命题的认识之中，典型例证是汪晖的表述——"日本的竹内好曾经是首先提出'近代的超克'命题的卓越思想家，他把鲁迅看作是代表了亚洲超越近代性的努力的伟大先驱"[①]。实际上，1942年"现代的超克"在日本舆论界登场的时候，竹内好作为一位普通的中国文学研究者，尚处于接受影响的位置。他是在战后日本舆论界对于"现代的超克"的再讨论中，因大胆重评"现代的超克"而引人注目的，与"首先提出"无涉。

那么，究竟"何谓'现代的超克'"？子安宣邦先生的这本《何谓"现代的超克"》以昭和战前期日本知识界、思想界的实况为依据，在史实与理论分析两个层面进行了全面回答，并且论及竹内好。不仅论述了竹内好的"现代的超克论"与亚洲观，而且论述了竹内好与鲁迅、大川周明、杜威等人的关系，梳理了竹内理论的主观性建构过程。无疑，这有助于中国读者深入理解相关问题。

这里所谓的"中国读者"，主要是指孙歌主持编译的《近代的超克》（生活·读书·新知三联书店，2005）及其所著《竹内好的悖论》（北京大学出版社，2004）两本书的读者。十多年前，是孙歌的努力使竹内好与"现代的超克"成为中国学术界的话题。在新时期中日两国的学术交流史上，这是很大的贡献。孙歌的译介拓宽了中国学术界现代性研究乃至鲁迅研究的知识领域，使研究者面对必须面对却长期未曾面对的复杂问题，获得了新的整体性。现在，笔者翻译子安先生这本书，也是为了推动相关研究。因为同样的原因，本文以竹内好的"现代"话语为对象，就某些与《近代的超

[①] 汪晖《死火重温——〈恩怨录——鲁迅和他的论敌文选〉序》（1996年），《死火重温》424页，人民文学出版社2000年1月出版。

克》《竹内好的悖论》有关的问题进行讨论。

一 "近代（きんだい）"非"近代（jìn dài）"

三联书店版《近代的超克》是译文集，编译的是竹内好论述鲁迅、亚洲、"现代的超克"等问题的著作，即通过翻译传播知识、推动知识越境。既然如此，译文准确与否则直接影响知识传播的质量，影响读者对某些概念的理解。书中所收专著《鲁迅》、长文《近代的超克》等，均有很大的翻译难度。前者的表述主观性强，多用反讽、同义反复等修辞手法，且不时故弄玄虚，后者则涉及复杂的知识背景。该文集的译文质量颇高，非一般译者所能及。

不过，在我看来，该书的译文中也有不当之处。因涉及汉字文化圈内部日译汉的理论与实践问题，《近代的超克》亦应有修订本出版，所以这里就相关问题进行讨论。我所谓的"不当之处"可分为两类。第一类是译文欠准确。以《〈中国文学〉的废刊与我》一文第一自然段为例，该段第一句"从去年秋天开始，在我内心里开始聚集起无以名状的感觉"似乎就偏离了原文"去年の秋ごろから、もやもやしたものが私の裡に募っていた"的含义。按照我的理解，这句日文应当翻译为："从去年秋天前后开始，烦乱之感在我心中郁积日深。"现在的译文将"秋ごろ"（秋天前后）略译为"秋天"，将"もやもやする"（烦乱）译为"无以名状"，将"募る"（日益严重）译为"聚集"，当属"偏译"。日语的"募る（つのる）"一词有两个意思，一是"招募""征集"，二是"激化""加重"。这里是就烦乱的心情而言，无疑是第二个意思。同样是这一段，将"勢い決定的な場所に立った"翻译为"我只好被迫与自己的内心对峙"(当译为"必然地站到了决定性的位置"),将"冗談から駒が出たような、あるいは火遊びが過ぎたような、けうとい思い"翻译为"如同在飞奔向悬崖的马车上那样徒劳无益地挣扎着"(当译为"像是戏言成真、出乎意料或者玩火已经结束那种厌烦的心情"),均已偏离原义。总之,这段译文传达的"竹内好"发生了变形。①

"不当之处"的第二种情形,是直接借用日语汉字词导致的词义偏差。这是日译汉(或汉译日)过程中经常出现的问题。仍以《〈中国文学〉的废刊与我》一文为例,文题中的"废刊"一词现代汉语中并不存在("废旧刊物"一语可以勉强做此种解释)。关于该词,孙歌解释说:"使用'废刊'而非停刊一词,是因为竹内好意识到《中国文学》这个他为之付出了全部心血的'文化'已经'没有第二次机会',它不会东山再起了。"② 确实,在日语里"廃刊(はいかん)"与"停刊(ていかん)"不同:前者表示终结,后者包含着"暂停"的意思。但是,暂时性的停刊,汉语叫"休刊","停刊"一词在现代汉语里就是终止的意思。换言之,日语的"廃刊(はいかん)"应当翻译为现代汉语的"停刊","停刊(ていかん)"则可以翻译为"休刊"。就是说,《中国文学》的废刊与我"这个文题应当翻译为"《中国文学》的停刊与我"。事实上,《中国文学》并没有彻底"废"掉,而是在1946年复刊。《大东亚战争与

---

① 中文原文见《近代的超克》169页,北京,生活・读书・新知三联书店2005年3月出版。日文原文见《竹内好全集》第14卷446页,筑摩书房1981年12月20日出版。
② 《竹内好的悖论》42页,北京大学出版社2004年12月出版。

吾等的决意》一文文题中的"决意"一词也是如此，译者直接借用了日文题目中的"決意（けつい）"，但日语的"決意（けつい）"翻译成现代汉语当为"决心"，而非"决意"。将"大東亜戦争と我等の決意"直译为"大东亚战争与我们的决心"更确切。

上述问题尚属叙述层面，即使译文欠准确，读者也可以通过上下文来理解、自行修正。但是，《近代的超克》把"近代の超克（きんだいのちょうこく）"这一核心命题中的"近代（きんだい）"写成"近代（jìn dài）"，在笔者看来是误译（或曰"未译"），有造成概念混乱之虞。

确实，日语汉字词"近代（きんだい）"是难以译为现代汉语的词汇之一。因为该词既表示时间又表示属性，作为表示时间的概念它与现代汉语中的"近代（jìn dài）""现代（xiàn dài）"二词各有重叠、错位之处，而现代汉语中表示属性的"现代（xiàn dài）"在日语汉字词中是"近代（きんだい）"，现代汉语中的"近代"则有明确的时间含义。可以说，"近代"（きんだい / jìn dài）一词典型地呈现了汉字在中日两国之间"桥"与"墙"的悖论性。"近代"这个中日共用汉字词的暧昧性，对于研究中国学的日本学者来说同样是个问题。例如，伊藤虎丸在其《鲁迅——亚洲的现代与"个人"的思想》一书中使用"近代（きんだい）"一词的时候，就专门对现代汉语中的"近代""现代"二词进行区分，说："我在本书中对'近代化'与'现代化'未加区分，并且将这两个词作为'西洋化'的同义词使用。那是因为持这样的立场——将现代课题作为近代课题的继续来思考，并且将近代的普遍性作为西洋这一具有个性的文化的产物加以限定。""但是，在今天的中国，'近代'与'现代'被明确区分。'近代'是指1840年的鸦片战争至1919年的五四运动。那是以资产阶级为主体的资本主义时代,对于中国与亚洲各国来说则是被资本主义列强殖民地化的时代。'现代'是指五四运动之后。那是无产阶级对于社会主义的追求开始实践,同时以中国为主的亚洲国家将自己从殖民地、半殖民地的枷锁中解放出来,独立的民族国家开始形成的时代。"[1]

所以,在将日语的"近代(きんだい)"一词翻译为现代汉语的时候,是译为"近代"还是译为"现代",只能根据具体语境而定,在某种语境中可以译为"近代"。日语的"近代(きんだい)"作为时间概念指明治维新开始现代化之后的时代。日本开始现代化的时间早于中国近三十年(就明治维新与戊戌变法的时间差而言),是在与中国"近代"平行的时期开始现代化的,因此可以用"近代日本"指称开始现代化之后的日本。但是,日本的"近代(きんだい)"在明治之后依然持续,持续到"二战"结束后被"战后"的概念取代,而中国的"近代"止于"五四","五四"至新中国成立这段时间称"现代",所以,日语的"近代(きんだい)"在指称明治时代结束(1912年)之后的日本时,应翻译为"现代",或者改为"大正时期""昭和战前期"之类的表述。至于表示属性的"近代(きんだい)",则应翻译为"现代(xiàn dài)"。那是"中国现代文学"的"现代",是"四个现代化"的"现代",也是20世纪90年代以来中国学术界广泛讨论的"现代性"的"现代"。"近代の超克"这个命题中的"近代(きんだい)"是(主要是)一种属性,无疑应当翻译成"现代"。

---

[1] 《魯迅と日本人—アジアの近代と「個」の思想》265—266页,朝日新闻社1983年4月20日发行。

关于"近代的超克"中的"近代"一词，孙歌在《竹内好的悖论》一书中本有说明，曰："'近代'相当于中文概念中的'现代'和'现代性'乃至'现代化'，是一个含义非常庞杂的词。"[1] 尽管如此，她主持编译的《近代的超克》一书却依然将"近代（きんだい）"写成"近代（jìn dài）"。这样做或许是为了赋予译词以"日本气息"，突出与"近代の超克"命题的关联，但会造成诸多问题。首先是清晰的"现代"问题成了暧昧的"近代"问题，与中国学术界的通用概念错位；其次是译文中出现了一些反常的表述，诸如"问题的核心似乎在于鲁迅所象征的近代文学体系没有在中国完结"，"鲁迅是建设了近代文学的人。我们无法把鲁迅视为近代文学以前的人物"[2]（着重号为引用者所加），等等。

即使是在日本"现代的超克"论的内部，"近代（きんだい）"这个汉字词也已经被"现代（げんだい）"一词相对化。在"现代的超克"相关文本中，"近代（きんだい）"与"现代（げんだい）"二词共用的现象大量存在。1942 年，龟井胜一郎向《文学界》杂志"现代的超克"专辑提交论文《现代精神に関する覚書》(《关于现代精神的备忘录》)，文题中用的就是"现代（げんだい）"而非"近代（きんだい）"。不仅如此，此文中更有"我的主要关注点，毋宁说在于那种种思想或精神之类在现代存在并且消灭的形态"（私の主な関心は、むしろそれら様々の思想や精神の、现代に生存し且つ死滅して行くその形態に在る），"关于现代的危机，我最担忧的，是对于词语的辛劳、敏感之心在持续衰减"（現代の

---

[1] 见《竹内好的悖论》178 页第二条注释。
[2] 《近代的超克》17、181 页，生活·读书·新知三联书店，2005。

危機については私の最も憂ひとするところは、言葉に対する労苦と敏感な心の衰へつつあることである）这种表述，^①其中使用的都是"現代（げんだい）"一词。类似的用法在1942年"现代的超克"论者的论文或座谈会发言记录中随处可见。竹内好《〈中国文学〉的停刊与我》（1943年3月）中也有同样的用法，即所谓"中国文学研究会は否定されねばならぬ。つまり現代文化は否定されねばならぬ。現代文化とは、現代においてあるヨーロッパ近代文化の私たち自身への投影である"^②。这里是将"现代文化""现代"与"近代文化"等词共用。本质上，这种词汇用法是有关现代性的思考对于日语汉字词汇的冲击。即，1940年代初期日本的"现代"论者，已经在不自觉地用"现代"取代"近代"这个正在变旧的词，以确切表达自己的文化观念。战后，日本知名学者柄谷行人在为广松涉《"现代的超克"论》一书写的"解说"中，也是把"近代（きんだい）"作为"モダニティ（modernity）"的同义词使用。^③"modernity"即汉语的"现代性"。

基于上述原因，译者把"近代の超克"翻译为"现代的超

---

① 《现代的超克》（近代の超克）5、7页、富山房1979年2月第一版。
② 《竹内好全集》第14卷453页，筑摩书房，1981年12月出版。这段话的意思是："中国文学研究会必须否定。就是说，现代文化必须否定。所谓现代文化，就是在现代这个时代里欧洲的近代文化在我们自身的投影。"《近代的超克》176页。这里，引用者参照日文原文修改了个别词汇。
③ "モダニティ（近代）とは、何かを達成すべく前方に向かう時間性であり、そのような理念や目的をもつことだとされる"。《"现代的超克"论》269页，讲谈社1989年11月第1版。"モダニティ"是英文"modernity"的日语片假名书写法。这句话的意思是："所谓modernity（现代），即面向应当达成某种目的的前方的时间性，是被看作怀有那种理念或目的。"

克"。"超克"虽然是借用日语汉字词，但可以作为"超越""克服"二词的组合来理解。对于本书译者来说，这种译法是妥协性的改良，是顾及"近代的超克"一语在中国学术界已经使用十多年这一事实。如果不做这种妥协，更恰当的翻译应当是"超克现代"，①或者是子安先生在本书序章中使用的"反现代"（或"反·现代"）。"反现代"的"反"不仅是或者说主要不是一种态度、立场，而是价值观的结构形式。"现代的超克"是妥协性的译法，所以这里要强调：就句子结构而言，"现代的超克"与"国家的建设""道路的开拓""规则的制定"相同，为宾语前置短语，而与"清晨的太阳""十五的月亮""春天的花朵"不同，主语前面并非时间定语。从表述的逻辑性来说，如果不把"近代（きんだい）"译为"现代（jìn dài）"，子安先生这本书中的"昭和近代（しょうわきんだい）"②一词即无法翻译。如果把始于1926年的昭和时代译成"昭和近代"，会和说"鲁迅是建设了近代文学的人"一样奇怪。

"近代（きんだい）"乃"现代"，"近代の超克"乃"超克现代"或"反现代"。明白了这一点，"现代的超克"在中国学界（主要是中国现代文学、现代思想研究界）引起关注的原因就更加清

---

① 霍颖在翻译竹内好《何谓现代》一文的时候，是将"近代の超克"译为"超越现代"。译文收入张京媛主编《后殖民理论与文化批评》，北京大学出版社1999年1月出版。王中江在翻译丸山真男《日本政治思想史研究》的时候，也是将"近代の超克"翻译为"超越现代"。参阅同书所收《英文版作者序》，生活·读书·新知三联书店2001年1月出版。不过，日语中的"超克"与"超越"的词义有差异。
② 『「近代の超克」とは何か』15页，青土社2008年5月第1版。

楚,那就是20世纪90年代以来诸多学术领域的学者对"现代性"进行的广泛讨论。

二 竹内好"现代"话语中的鲁迅

日本学术界、思想界以"现代的超克"为中心对"现代"问题的讨论,始于战中延续到战后,众多知识人参与其中。与其他参与者相比,竹内好"现代"论的特殊性,在于将"中国"作为认知对象纳入。中国对于竹内的"现代"论而言具有结构性的意义,这与1941年底至1942年间日本文学界、哲学界、国际政治学界召开的各种"现代"问题座谈会均无视中国形成了鲜明对比。[①]竹内将"中国"作为认知对象纳入"现代"论述,因此才能归纳出"中国现代"("回心型")与"日本现代"("转向型")两种类型,进而将二者进行对比并以前者批判后者。在竹内好的相关论述中,"鲁迅"与"中国"具有同一性。竹内多次通过鲁迅展开其"现代"论述,撰写了至少三篇论文,其写作时间的跨度长达八年——一篇写于1948年,两篇写于1956年。从写作时间来看,后两篇的写作与鲁迅逝世二十周年有关。那么,鲁迅在竹内好的"现代"论述中是如何存在的?下面看看这三篇文章的具体内容。

第一篇《中国的现代与日本的现代——以鲁迅为线索》(1948年4月),如文题所示,是"以鲁迅为线索"讨论中日两国的"现代"。文章从鲁迅写起——第一节第一句曰:"鲁迅是建设了现代

[①] 关于历次座谈会中"缺失的中国"问题,参阅子安宣邦先生在本书第一章中的论述。

文学的人。无法把鲁迅视为现代文学之前的人。"文章也用鲁迅收尾——最后一节引用了鲁迅的杂文《灯下漫笔》。由此可见"鲁迅"规定着此文的"结构"。在整篇文章的论述过程中，鲁迅也经常出现。就内容而言，被竹内用于阐述"现代"的"鲁迅"主要是两个方面。其一是鲁迅的"抵抗"。竹内在文中提出了"东洋的抵抗"的命题，他在阐述该命题的时候说："如果被问及抵抗是什么，我只能回答说，那就是鲁迅那里所有的那种东西。并且，那在日本是没有或者少有的。从那里开始，我通过比较来思考日本的现代与中国的现代。"①在竹内的阐述中，鲁迅的"抵抗"与"绝望"具有相通性，是同一问题的不同层面。竹内说："他拒绝自己是自己，同时拒绝自己是自己以外之物。那就是鲁迅所有并且使鲁迅自身得以成立的'绝望'的含义。绝望，在行进于无路之路的抵抗中显现；抵抗，作为绝望的行动化而显现。"②其二是"奴隶（奴才）／主人"的比喻框架。在该文"人道主义与绝望"一节中，竹内好借用鲁迅散文《聪明人和傻子和奴才》来批判"日本现代"的"奴隶性"——所谓"我的主题和我对这篇寓言的解释之间有一种相互媒介的关系"，指出："日本在走向现代的转折点上，面对欧洲曾怀有绝对的劣势意识（那正是日本文化的优秀性使然）。骤然从那种意识出发，开始追赶欧洲，建立了自己成为欧洲、更完美地成为欧洲才是逃脱劣势之路的观念。就是说，试图通过变成奴才的主人而脱离奴才状态。"③文章最后一节题

---

① 《近代的超克》第196页。引用此文之际，参照日文原文调整了译文。下同。
② 《近代的超克》第206页。
③ 《近代的超克》第208页。

为"第三样时代",引用鲁迅杂文《灯下漫笔》,呼唤在追求"现代"的过程中建设既非"想做奴隶而不得的时代"亦非"暂时做稳了奴隶的时代"的"第三样时代"。

第二篇文章《鲁迅的问题性——试图从根本上追问"现代"之意义的文学家》(1956年)比较短,写作时间比《中国的现代与日本的现代——以鲁迅为线索》晚八年,但基本是重复上文的观点。此文强调鲁迅对于"中国现代文学"的代表性,进而强调"现代"类型的差异性与多样性,曰:"在那种意义上,鲁迅是最为典型地代表了中国现代文学的人。某种意义上他就是文学史本身。可以说,其一切特征,甚至包括其缺点(即我们能看到的),均被鲁迅所代表。""所谓'现代'的问题性,一言以蔽之,即:西欧式现代是唯一的、普遍的模式吗?如果那是普遍性的,那么后进国家的情形就只有追随这一条路。而日本确实走了那条路。但是,中国在走上现代化道路之初,即怀疑该命题。"①

第三篇文章《鲁迅的思想与文学——作为理解"现代"的线索》(1956年)的写作时间与第二篇接近,观点亦无变化。文章强调"现代"的多元性,曰:"说到现代主义具有怎样的特征,那就是在思考'现代'的时候,以西欧为唯一模式,对'现代'进行全部均质化思考的倾向。"此文同样引用了鲁迅的"奴隶"说,以讽刺缺乏主体性、单纯模仿西欧的"现代",所谓"奴隶与奴隶的主

---

① 《竹内好全集》第2卷337—338页,筑摩书房1981年1月出版。引用者翻译。此文的中文翻译见《从"绝望"开始》。靳丛林编译,生活·读书·新知三联书店2013年3月出版。

人相同"。①

上述三篇文章的题目，均表明竹内好自觉、执着地将鲁迅作为认识、论述"现代"的线索，但是，就文章内容而言，鲁迅仅仅是在形式上比喻性地成为"线索"，鲁迅的思想本质、文化观念并未被涉及。竹内好强调的鲁迅式"抵抗"仅仅是一种精神、一种姿态或行为方式，不涉及抵抗对象。②竹内从鲁迅《聪明人和傻子和奴才》《灯下漫笔》两篇文章中抽取出来、用以比喻"日本现代"与西欧式现代之关系的"奴隶（奴才）/主人"框架，已经脱离了鲁迅的语境，仅有比喻的意义，与鲁迅的原意无关。③更大的问题是，从日文译文来看，竹内好误将《聪明人和傻子和奴才》中的"奴才"翻译为"ドレイ"（日语"奴隶"一词读音的片假名写法，这样写是表示强调），④与《灯下漫笔》中的"奴隶"混同，表明他没

---

① 《竹内好全集》第2卷342、344页，筑摩书房1981年1月出版。引用者翻译。这里的"现代主义"一词与中文的"现代主义"有差异。
② 酒井直树甚至认为竹内好称道的鲁迅的"抵抗"不成其为"抵抗"。他说："然而，竹内好在鲁迅身上看到了不同的东西，这就是'抵抗'（resistance）。我在后面会再解释什么是'抵抗'，因为鲁迅的抵抗并不是反应式的（reacitve），而大多数非西方或第三世界的民族主义运动则是反应性的。因为欧洲侵略并征服了非西方，作为对它的'反应'，他们就对抗（counteract）西方。我想，竹内好认为［的］那种形式的'反应'（reaction）不能被叫作'抵抗'（resistance），因为那种反应与日本对欧美殖民主义的反应并没有什么区别。"见《亚洲抵抗的方式：亚洲的知识生产与文化政治——酒井直树教授访谈录》，载上海《现代中文学刊》2016年第6期。
③ 在此文中，其他如明暗之间的"影""梦醒了无路可走"等对鲁迅语言的借用，也多为比喻性的。
④ "奴隶"一词的日语翻译为"奴隷（どれい）"，"奴才"一词的日语翻译应为"走狗（そうく）""手先（てさき）"或"先棒（さきぼう）"。

有完全读懂这篇散文。因为没有完全读懂，文中才会出现"这篇寓言的主语是奴隶。并非奴隶根性，而是具体的奴隶（极端地说即鲁迅自身）"这种脱离作品实际的表达。实际上这篇散文中没有"奴隶"只有"奴才"。奴隶是被动性的受压迫者，奴才是主动性的帮凶。鲁迅即使是"奴隶"，也不会是这篇散文中的"奴才"。

"以鲁迅为线索"讨论"现代"却不涉及鲁迅的思想文化观念，原因在于鲁迅本质上并非竹内好需要的那种对"西欧式现代"进行"东洋的抵抗"的人。确实，鲁迅青年时期即在某种程度上质疑欧洲（包括明治日本）的现代文明，《文化偏至论》（1907年）批判了资本主义的价值观与政治制度，提出了"外之既不后于世界之思潮，内之仍弗失固有之血脉"的辩证主张。但是，鲁迅作为现代中国的启蒙思想家，更多地接受了西方思想的影响。他的个人主义思想来自西方，他认同的民主、科学观念来自西方（故称"德先生""赛先生"），给他晚年文艺思想以重大影响的马列主义文艺理论同样来自西方。在竹内好的逻辑中，马列主义也属于"现代"的范畴。① 从所受西方影响的程度来看，鲁迅本人就是"现代"。他"抵抗"的不是"现代"而是"传统"，因此才有对国民性、对儒教的批判，才有"不读中国书"的极端主张，才有激烈的汉字否定论。如果把竹内所谓"东洋的抵抗"中的"东洋"理解为"传统"，那么反传统的鲁迅正处于"东洋的抵抗"的对立面。

---

① 1951年，竹内好在《现代主义与民族问题》（『近代主義と民族の問題』）一文中说："包括马克思主义者在内的现代主义者们，避开鲜血淋漓的民族主义而前行。把自己判定为受害者，将民族主义的极端化看作自己责任之外的事情。"《竹内好全集》第7卷31页，筑摩书房1981年2月出版。引用者翻译。徐明真译文收入前引《鲁迅与竹内好》一书。

这样，竹内好为了将"现代"的鲁迅纳入其"反现代"论述，除了将鲁迅"形式化"（抽去内容）或者歪曲鲁迅，没有其他路可走。实际上竹内正是这样做的。"形式化"已如上所述，歪曲鲁迅则体现在《中国的现代与日本的现代——以鲁迅为线索》一文中。此文将鲁迅描述为"反进步主义"的非启蒙者，说："从日本来看鲁迅，如同一切事物那样，鲁迅也会被歪曲为一个进步主义者、优秀的启蒙家、努力改变落后状态而拼命追赶欧洲的开明主义者。这样任由镜子随意歪曲。于是鲁迅成为中国的森鸥外。可是，实际上鲁迅大概是与此相反的人物，是胡适、林语堂那种进步主义者的对立物。"① 这种认识不仅不符合鲁迅的思想实际，而且与竹内好本人固有的鲁迅观相矛盾。将鲁迅"歪曲为一个进步主义者、优秀的启蒙家"（如果说那是"歪曲"的话）的，正是竹内好本人。竹内好在 1936 年 11 月发表的论文《鲁迅论》② 中，已经明确指出鲁迅的"文化主义式启蒙"立场，说："他禁止青年人阅读本国的古典，其原因与吴稚晖等人的主张不同，是基于他广义的文化主义式启蒙这种独特的功利性立场。他的体验告诉他，对于思想幼稚的青年人来说，与阅读本国古典相比，接触西欧现代精神更有益。"③ 1943 年撰写的专著《鲁迅》，对鲁迅的基本定位就是"启蒙者"。该书《序章——关于死与生》称鲁迅为"现代中国杰出的启蒙者"，指出："恐怕连鲁迅自己也没意识到，启蒙者和文学者，这两者在他

---

① 《近代的超克》209—210 页。
② 1936 年 11 月《中国文学月报》第 2 卷 20 期。中文翻译见《鲁迅研究资料》第 13 辑，天津人民出版社 1984 年 7 月出版。
③ 《竹内好全集》第 14 卷 44 页，筑摩书房 1981 年 12 月出版。引用者翻译。

那里一直互不和谐,却又彼此无伤。"该书《结束语——启蒙者鲁迅》又云:"作为表象的鲁迅,始终是一个启蒙者。首先是个启蒙者,而且是个优秀的启蒙者。""作为表象的鲁迅,只是个彻头彻尾的启蒙者,除此之外什么都不是。"[1] 等等。"启蒙者鲁迅"这种基本认识是《鲁迅》一书的主题,并且决定着该书的结构。然而,这种"启蒙者鲁迅"的形象却被竹内本人在《中国的现代与日本的现代——以鲁迅为线索》(1948年)中颠覆了。对于1948年的竹内好来说,为了用鲁迅论证"东洋的抵抗",鲁迅不能是启蒙者。如果是,就涉及启蒙工具、启蒙理性等问题,"西欧"就会出现。将鲁迅的"抵抗"形式化、姿态化,原因也在于此。事实上,"西欧"不仅曾经成为鲁迅抵抗的工具,某些"传统"也曾成为鲁迅抵抗的对象。这都有违竹内好用鲁迅来阐述"东洋的抵抗"(或"中国现代")的基本思路。

  实际上,在竹内好"现代"话语的历史脉络中,"鲁迅"的出现是偶然的也是暂时的。竹内的鲁迅研究至迟在1930年代中期已经开始,但其战前鲁迅论并没有阐述鲁迅与"现代"的关联。1936年的论文《鲁迅论》没有,1943年的专著《鲁迅》同样没有。前者未论及"现代"是正常的,因为那时"现代"问题尚未成为日本知识界的关注点,但《鲁迅》未论及"现代"则是一个问题。1943年是"现代的超克"论在日本舆论界堂皇登场、甚嚣尘上的第二年,这一年,竹内好受到"现代的超克"与"世界史哲学"的影响,不仅在为其所译叶圣陶长篇小说《倪焕之》撰写的《译者序》(1943年)中阐述中国的"内在现代性",而且在论文《关于现代

---

[1] 《近代的超克》14、143 页。

中国文学精神》中讨论中国的"现代"问题，认为中国在"五四"时期获得了"自主性的现代"（或称"独自的现代"）。[①] 然而，同年撰写的《鲁迅》一书却不涉及"现代"。这说明，在竹内好这里鲁迅与"中国现代"之间没有必然联系。五年之后，在《中国的现代与日本的现代——以鲁迅为线索》一文中，他是主观性地建立了这种联系。这种努力起源于他本人同时拥有的鲁迅论者与现代论者两种身份。不过，《中国的现代与日本的现代——以鲁迅为线索》发表三年之后，收入评论集《现代中国论》（河出书房，1951）的时候，竹内好将文题改为"何谓'现代'——日本与中国的情形"，文题中不再显示"以鲁迅为线索"。这种修改可以理解为他意识到了鲁迅与他所论的"中国现代"的错位。1956年的两篇文章是再次尝试将鲁迅作为认识"中国现代"的线索，然而，随后撰写的长文《现代的超克》（1959年）与《作为方法的亚洲》（1960年），都没有通过鲁迅讨论"现代"。本来，《作为方法的亚洲》与《中国的现代与日本的现代——以鲁迅为线索》直接相关，主题一致，同样是讨论后进国家的两种"现代"类型，按逻辑应当继续"以鲁迅为线索"，但鲁迅不再是"线索"。在这篇《作为方法的亚洲》中，成为"线索"的是美国学者杜威（1859—1952）与英国学者罗素（1872—1970），鲁迅只出现了一次——作为西欧入侵东洋的观察者、体验者，和泰戈尔一起被提及。

竹内好努力建构鲁迅与"东洋的抵抗""中国现代"的关系，但未能建构成功。不过，这种建构是我们理解"竹内鲁迅"与"竹

[①] 参阅拙文《"内在现代性"与相关问题——论竹内好对〈倪焕之〉的翻译与解读》的论述，载《文学评论》双月刊2017年第3期。

内现代"的重要"线索"。藤井省三指出:"甚至被称作'竹内鲁迅'的竹内好鲁迅论,是一种将鲁迅乃至同时代中国作为线索,对日本现代化和现在的日本展开批判的、特异的外国文学兼日本文化批评。"① 确实如此。"竹内鲁迅"的含义之一,是一度被作为"东洋的抵抗"之代表的"鲁迅",这个"鲁迅"呈现的不是鲁迅的实际情形,而是竹内好的主观性。

三 "现代"论与"现代的超克"论

上文涉及的竹内好讨论"现代"问题的文章,写作时间分别是1943、1948、1956、1959、1960诸年。就是说,近二十年间竹内好在持续思考"现代"问题。《何谓'现代'》一文的文题,呈现出竹内好思考的自觉性与迫切性。竹内的思考是在"欧洲-东洋"与"欧洲-日本/中国"的双重结构之中进行的,其"现代"论的复杂性,即发生于这两种结构的内在冲突及两种结构之间的错位。

总体上看,竹内好所论"现代"包括三种类型。首先是"西欧式现代"。这一概念至迟在1956年的《鲁迅的问题性——试图从根本上追问"现代"之意义的文学家》一文中已经明确使用。这种"现代"潜在、显在于竹内好的全部"现代"论之中,是竹内好"现代"论的前提,也是战时日本"现代的超克"论者主张"超克"的"现代",具有"原现代"的含义。在东洋回应"西欧式现代"的过程中,"东洋的现代"产生了。竹内好论述道:"无论欧洲怎样理解这些状况,东洋发生的抵抗在持续。通过抵抗,东洋使自

---

① 《鲁迅事典》290页,三省堂2002年4月出版。

己现代化。抵抗的历史便是现代化的历史,不经过抵抗的现代化之路是不存在的。"① "东洋的现代"又分为两种类型——"日本型"与"中国型"。前者为"转向型""外发型",后者为"回心型""内发型"。竹内好是通过比较对二者进行描述的。在《中国的现代与日本的现代——以鲁迅为线索》(1948年)中是如此,在《作为方法的亚洲》(1960年)中同样如此。据竹内本人在前文中所言,他是在从鲁迅那里发现了"抵抗"之含义的时候,开始对中日两国的"现代"做比较性思考。前文提出了两种类型的假说,后文继续对该假说进行论证。后文的表述更清晰,所以,这里引用其中的三段代表性文字:

> 战后我提出了一个假说,即后进国家的现代化过程中存在着两种以上的类型。日本明治维新之后所谓的现代化,取得了很大的成果,世人瞩目,所以给了东洋各国中落后的、被殖民国家的解放运动以鼓励。那如果能够顺利进行,可以成为唯一的范本,但结果是,到了最后快速反转为彻底的失败。从那失败之处进行反思,我认为,日本的现代化虽然是一个范型,但东洋各国或后进国家唯一的、绝对的道路并非仅此一条,另外还有多种可能性、多条道路。
>
> 所以,我将日本与中国做比较,于是注意到,在那一点上存在着诸种本质的差异。
>
> 我用一个假说的形式,将日本与中国作为典型的模型提出来做了比较。因为我不了解其他国家的情况。不过,

---

① 《近代的超克》186页。

如果一定要进行表述的话,那么,例如土耳其这样的国家,不是近于日本的现代化类型吗?印度等国大概近于中国。要言之,我是说存在着两种以上的异质类型。

当时的中国,在国际社会看来处于不可救药的混乱状态、无法挽回地趋于解体。在那种情况下,学生们挺身而出,承担着祖国的命运开始行动。这位杜威通过那些青年人的精神与行动,洞察了中国文明混乱表面下的深层流动的本质,预见到将来的中国在世界上拥有发言的力量。他当时就说:表面上先进的日本是脆弱的,何时崩溃不得而知,而中国的现代化是非常内发的,即作为自我本身的要求而提出的,因此是坚固的。

假如暂且将明治维新作为日本现代化的原点,即为1868年。说到现代化在中国始于何时,有各种看法,如果暂且看作五四运动,即为1919年。相差五十年。日本早很多,中国晚很多。为何时期不同,这是一个问题。这可以用日本方面有适应性来说明。就是说,在终结封建制、建设现代国家、引进现代文化方面,早早获得了成功。其他国家并非如此,印度、中国等国家被殖民地化。这是一个问题。但同时还有别的问题,即关于其后出现的现代化的性质问题。说到日本的情形,那是保留了结构性的东西,西洋文明像砂糖一样稀稀拉拉地从外面裹上。中国不是那样,根据杜威的思考,固有的中国之物非常坚固、不坍塌,所以不能立刻适应现代化。但是,现代化一旦进入,打碎结构性的东西，从中即产生出自发性的力量。就是说，从中产生出性质的差异。他说，尽管表面混乱，但在西洋人看到的现代性这一点上，中国远比日本更具本质性。①

这三段文字讨论"现代"的角度虽然有差异——有的重发生方式，有的重结构，但在肯定"中国现代"、将"日本现代"相对化这一点上是一致的。

对竹内好"现代"话语的历史脉络与内涵进行了上述梳理之后，有两个问题必须重新认识。一是"现代的超克"在竹内好"现代"话语中的位置，二是竹内所谓"东洋的现代""亚洲"的含义。

上述梳理表明，竹内好长期进行的是"现代"论而不是"现代的超克"论，后者只是作为一种历史论短暂地出现在其"现代"论的谱系之中。竹内好撰写《现代的超克》是在 1959 年，即使是从 1943 年的《倪焕之》日译本《译者序》和《关于中国现代文学精神》算起，那也是在他开始阐述"现代"问题十六年之后。而且，无论是在此前的《中国的现代与日本的现代——以鲁迅为线索》（1948 年）中，还是在此后的《作为方法的亚洲》（1960 年）中，他都没有提及"现代的超克"。同样，《现代的超克》一文也完全不涉及鲁迅或中日两国现代化的差异。

1943 年的《〈中国文学〉的停刊与我》与《倪焕之》日译本《译者序》表明，竹内好的"现代"论述确实曾经受到"现代的超克"论的影响。但是，中国问题的纳入，使他的"现代"论述从一

---

① 以上三段引自《竹内好全集》第 5 卷 96、100、107—108 页，筑摩书房 1981 年 3 月出版。引用者翻译。下同。

开始就是用独特的思路展开。"中国现代"也是一种"现代",对"中国现代"的肯定决定着竹内好不可能是一般意义上的"现代的超克"论者。到了战后,对"西欧式现代"之侵略性、强制性的否定,则使他难以认同"优等型""转向型"的"日本现代"。《作为方法的亚洲》一文明言:"泰戈尔曾经忠告日本人:不可仅仅依靠武力来模仿西方的现代化,以武力欺凌邻国。""文化价值并非飘浮在空中,而是浸透在人间,因此能够获得现实性。不过,自由、平等等文化价值,在从西欧向外渗透的过程中,如泰戈尔所言是伴随着武力的,若用马克思主义理论来表述即为帝国主义,是依靠那种殖民地侵略支撑的。"① 竹内好长期批判"日本现代",这批判之中包含着他对于"日本现代"之帝国主义性质的认识。所以,《现代的超克》一文开宗明义,指出:

> 所谓"现代的超克",是一个操控了战争时期日本知识人的流行语,或者说是一个咒语。"现代的超克"与"大东亚战争"相结合发挥了象征的功能。因此,即使是现在——就是将"大东亚战争"改称为"太平洋战争"的现在,"现代的超克"依然缠绕着不吉祥的记忆。如果是三十岁以上的知识分子,听到或者说出"现代的超克"一语时无法不产生复杂的反应。②

此类批判在《现代的超克》中并不少见。文中,竹内甚至说:"'现

---

① 《竹内好全集》第 5 卷 105、114 页。
② 三联书店版《近代的超克》292 页。引用之际参照日文原文调整了译文。

代的超克'最大的遗产，在我看来，并不在于它曾经是战争与法西斯主义的意识形态，而在于它甚至连战争与法西斯主义的意识形态都没有形成，追求思想的形成而结果却是思想的丧失。"① 这里，竹内已经用其独特的修辞方式，在"意识形态"与"思想"两个层面否定了"现代的超克"。由于他本人 1943 年前后曾经受到"现代的超克"论的影响，因此这种批判之中包含着自我反省（乃至自我辩解）的潜台词。②

这种批判性认识是竹内好讨论"现代的超克"的前提，在此前提之下，他通过给历史上的"现代的超克"分层，通过重新定义"现代的超克"，来阐述其中悬而未决的问题，为自己的"现代"论述寻找线索。但是，这并不意味着竹内好是正面、肯定性地论述"现代的超克"，也不意味着"现代的超克"这个历史命题可以被普遍化为"现代"问题。在竹内好将"现代的超克"划分为象征、思想、思想使用者三个层面的时候，完整意义上的"现代的超克"论已经解体。当他将"现代的超克"看作"日本近现代史中难关之凝缩"，把日本近代以来的复古与维新、尊王与攘夷、锁国与开国、

---

① 参阅《近代的超克》305 页。该书把"最大の遗产"（最大的遗产）翻译为"最大的遗产价值"，添加"价值"二字，值得商榷。这种译法有可能让读者误以为竹内好正面强调"现代的超克"的"价值"，而且造成了译文的自相矛盾。充当战争与法西斯主义意识形态且以思想的丧失告终，则不成其为"价值"。而"遗产"有正、负之分。
② 比如，竹内好在《现代的超克》第三节《"十二月八日"的意义》中批判日本无产阶级文艺理论家青野季吉（1890—1961）对 1941 年 12 月 8 日日本向美国开战的赞美，实际上当年竹内本人同样赞美了日本的开战。所以，这种批判是变相的自我批判。

国粹与文明开化、东洋与西洋等许多问题囊括进去的时候,①"现代的超克"已经由 1942 年呼应"大东亚战争"、发挥文化意识形态功能的历史命题扩大为日本明治时代以来的普遍性问题。这也是他在《现代的超克》中将"现代的超克"区分为广义与狭义两种的原因。由于战时对"现代的超克"的讨论涉及政治、文学、国际关系乃至语言、音乐等多方面的问题,并且包含着对明治维新以来日本现代化道路的反思,因此,从中找出悬而未决的"现代"问题轻而易举,轻而易举到失去意义。"现代"问题本来具有普遍性。进入"现代"以来,诸种"现代性焦虑"折磨着人们的内心,时至今日,雾霾、农药、转基因食品作为"现代"的符号已经渗透人们的日常生活。普遍性的"现代"问题无须通过"现代的超克"来把握、理解。换言之,"现代的超克"如果不是历史性的命题,就什么都不是。韩毓海已经尖锐地指出:"如果不将竹内好的思想首先置于他所生活的日本文化的语境中,而是一下子就将他的思想普遍化——甚至将竹内思想一概理解为对整个现代性的反省和批判,那恐怕是既失去了对于现代性的理解,也失去了竹内好。"② 对于"现代的超克"尤应作如是观。通过符号化将特殊性的历史问题转化为普遍性的理论问题,有消解历史本身的危险。如果把竹内好对"现代的超克"的论述比作"火中取栗",那么他虽然取到了几颗"栗子",但也险些被历史之火烧伤手。他大概是感觉到了灼热的疼痛,所以在

---

① 参阅《现代的超克》第 5 节"'日本浪漫派'的作用",《近代的超克》354—355 页。
② 《竹内好何以成为问题——再读〈近代的超克〉》,前引《鲁迅与竹内好》48 页。坂井洋史在前引论文中引述了韩毓海的这段话并表示赞同。

撰写《作为方法的亚洲》、论述"东洋的现代"的时候收手了。

　　子安先生所论竹内好"'现代的超克'论"中存在的诸种问题，显然与竹内好那种将具体的历史命题普遍化的认识方法密切相关。应当注意的是，在竹内好这里，"现代"论与"现代的超克"论有重叠之处但并不相同。从竹内好"现代"话语的整体性、系统性、历史脉络来看，应当将《现代的超克》一文在竹内好"现代"话语中的位置相对化，否则难以接近竹内好"现代"话语最为核心的"类型"问题，而且有将历史性的"现代的超克"正当化、模糊竹内好基本的批判立场的风险。事实上这种风险已经显现于中国学术界。

　　"东洋的现代"是笔者从前引竹内好"通过抵抗，东洋使自己现代化"（《现代的超克》）这一表述中归纳出来的。由于同属"东洋"的日本与中国实现了两种不同的"现代"，因此不存在实体性、本质性的"东洋的现代"。因为同样的原因，竹内好在《作为方法的亚洲》中追求的"亚洲"也不是实体意义上的，而只能是"方法"意义上的。竹内所谓的"方法"即"主体形成的过程"。①换言之，"亚洲"作为一个主体尚未获得实体形式，而是处于主体形成的过程之中。然而，如子安先生已经指出的，沟口雄三等竹内好阐释者并未理解这一点，努力在实体的意义上阐述"亚洲"。②

　　上述两大问题之外，竹内好从1943年开始即反复阐述并肯定的"中国独有的现代"究竟应当如何理解、如何评价，也有待探讨。竹内好所谓的"现代"本来具有暧昧性。在《中国的现代与日

---

① 这是竹内好本人在《作为方法的亚洲》一文结尾处对其"方法"一词的解释。
② 参阅本书第十一章《什么是由亚洲进行的超克？》。

本的现代——以鲁迅为线索》一文的开头，他说："为了避开从概念规定性出发的分析方法，这里原封不动地保留'现代'一词所具有的暧昧性。"相关的"回心"与"转向"等表述是比喻性的，又多了一层暧昧。竹内在保留暧昧性的前提下从多种角度阐释"现代"，其阐释之中，《作为方法的亚洲》一文多用的"内发"与"外发"两个概念最具本质性。问题在于，既然是通过对欧洲的抵抗"东洋实现了自己的现代化"，那么东洋的现代化（无论是日本的还是中国的）都是回应外来冲击的结果，即都是"外发"的。这样一来，所谓中国的"内发"就不能在"自发"的意义上理解。如果说中国"回心型现代"与日本"转向型现代"相比，差异在于"抵抗"，那么"抵抗"意味着什么？是彻底的拒绝？是半推半就的缓冲？还是在抵抗过程中将自我与抵抗对象有机融合？从竹内好的表述来看，答案应当是后者，即《中国的现代与日本的现代——以鲁迅为线索》中所谓的"拒绝自己是自己，同时拒绝自己是自己以外之物"。在此文中，竹内好批判日本的缺乏主体性，说："这种主体性的缺失，是自己并非自己本身造成的。自己并非自己本身，是因为放弃了自己乃自己本身。亦即因为放弃了抵抗。"[①] 这里表达的同样是通过"抵抗"建立起来的、既非"自己"又非"自己以外之物"的新的主体性。在《作为方法的亚洲》中，竹内借杜威的观点表述中国式现代，曰："现代化一旦进入，打碎结构性的东西，从中即产生出自发性的力量。"不过，如果"打碎结构性的东西"意

---

① 生活·读书·新知三联书店版《近代的超克》的译文见同书 217 页。译文将原文中的"自己"一词译为"主体"，不符合竹内好对鲁迅"抵抗"与"绝望"的表述，故这里重新翻译。

味着彻底改变自己、完成"现代",那么这种"现代"已经接近日本优等生式的"转向型现代"。实际上,完全舍弃"自我"的模仿难以存在。① 而且,即使是对于"优等生"日本,竹内好的评价也前后不一致。1948年他在《中国的现代与日本的现代——以鲁迅为线索》中批判近现代日本的"优等生"文化,但是,1960年在《作为方法的亚洲》中又肯定明治日本——那是在借杜威的观点赞同中国的"现代"(上文所引)之后,说:"这是有难度的问题,我也没有十分的把握说就是如此。但是,杜威提示我们那里存在着应当思考的问题。并不是说我们的国家不行,所以,日本人还是有作为日本人的了不起之处。无论如何,明治维新与其成果明治国家的诞生刺激了亚洲,了不起。"而明治日本的基本价值取向是"脱亚入欧",明治日本的成功是通过实施"文明开化""富国强兵""殖产兴业"三大政策完成的,是成功的"转向"。这些问题之外,竹内好的中日现代化比较论还涉及若干重大问题,那就是:中国的"现代"是他描述的那样吗?"中学为体、西学为用"的主张应当如何评价?近代以来中国的现代化真的比同时代的日本成功吗?这些问题大概不是竹内好一个人能够回答的,也不是单一学术领域的学者能够回答的。

这样看来,竹内好阐述的"中国现代"同样应当被作为"方法"来理解。反欧洲中心论,将"现代"相对化、多元化,并且将

---

① 关于日本现代化的性质,丸山真男的认识与竹内好的"转向"说正相反。丸山真男在《日本政治思想史研究》中,是到明治维新之前日本德川时代(1603—1867)的思想中寻找"现代意识"的起源。参阅同书《英文版作者序》第4节,前引王中江译本13—20页。而且,丸山在同书《初版后记》中认为近代中国的现代化失败了,见王中江译本311页。

"现代"作为流动性的过程来认识——大概这才是竹内好"现代"话语的价值所在。

在战后日本学术界，有关"现代的超克"的论著不在少数。1979年，史料集《现代的超克》由富山房出版，书中收录的是1943年创元社出版的《现代的超克》初版本与竹内好的同题论文《现代的超克》。至2010年，该书已经重印十一次。研究著作中影响较大的有哲学家广松涉（1933—1994）的《"现代的超克"论》。《"现代的超克"论》中的各章1974年开始在《流动》杂志上连载，1980年由朝日出版社出版单行本，1989年11月又由讲谈社作为"讲谈社学术文库"的一册出版。至2006年7月，讲谈社版广松涉《"现代的超克"论》即十八次印刷。进入21世纪，子安宣邦先生又撰写了这本《何谓"现代的超克"》。相关著作的出版情况，表明了"现代的超克"这一思想史事件的重要性。柄谷行人在为广松涉《"现代的超克"论》撰写的"解说"中指出："'现代的超克'这一话题在两重意义上对于我们来说是重要的。一是因为我们尚处于应当超克的'现代'之中，二是因为我们尚未在本质上超越战前的'现代的超克'这一问题。在这两种意义上，我希望本书作为不可缺少的著作被阅读。"① 无疑，柄谷这段话适合一切论述"现代的超克"的论著，更适合阅读相关著作的中国读者。通过该话题认识历史是有效的——子安先生的这本书证明着这种有效性。

最后谈谈这本书的翻译。

---

① 《"现代的超克"论——审视昭和思想史的一个视角》(『〈近代の超克〉論／昭和思想史への一視角』) 272页，东京，讲谈社1989年11月第1版。

2006年夏天我在北京完成了子安宣邦先生《国家与祭祀》一书的翻译，9月便到东京访学。那本书的"译后记"是在东京起草的，译稿清样也是在东京校对的，所以，在东京与子安先生多次见面，年末还参加了先生家的"忘年会"。2007年4月，本书各章开始在《现代思想》杂志上连载，同月14日，子安先生主持的"昭和意识形态研究会"在早稻田大学开始活动。例会每月一次，先生讲授的就是本书的内容。我有幸参加研究会的活动，翻译本书就是那时决定的。连载尚在进行中，先生就把完整的书稿交给了我。我回国之前，先生和研究会的朋友在6月底为我开了欢送会。很遗憾，人到中年万事忙，回国之后几次动笔翻译，也只是译完了"序章"而已。那还是应台湾《文化研究》杂志之约，译稿发表在2008年夏天出版的《文化研究·子安宣邦专辑》。去年（2016）年初开始集中时间翻译，终于振作起来。在键盘的敲击声中，看到译文在电脑屏幕上一行一行地延长，颇有成就感，三个月就基本译完。但是，译完之后又为其他工作所困，译稿加工与资料核实断断续续又花了近一年。现在已经是2017年的春天，从2007年算起，整整十年过去了，我也已经从中年步入老年。人的一生确实做不了几件事。写到这里，我忽然意识到已经十年没有见到子安先生，怀念起东京那段访学生活。

　　子安先生的著作思想性强、知识面宽、文体独特，翻译难度大。我因翻译《国家与祭祀》，已经熟悉他的表达方式，但翻译本书依然感到困难。难度主要在于如何保留原文中的长句子同时准确传达原文的逻辑，如何传达原文的语感，如何理解某些本来熟悉但在子安先生的文脉中变得陌生的词汇。此类难度常常使我怀疑词语与含义的距离，意识到字典的无力，并且使我重新思考翻译行为的含义。

2002年春天在东京，曾经参加讲谈社"野间宏翻译奖"的评审工作。评审对象是日本文学作品的中文译本，懂中文的日本学者和懂日文的中国学者坐在一起，将日文原文与中文译文对照阅读，甚至能够从名家译文中发现错讹。那种校读方式对我是个刺激，给我造成了心理障碍，使我对翻译工作感到"恐惧"，当时我就给自己定下了"不懂不译、不留把柄"的翻译原则。"不懂不译"是对原文而言，"不留把柄"是对预设的译文校读者而言。翻译子安先生这本书，我坚持同样的原则，但不能保证百分之百读懂了原著，即不能保证"不留把柄"。翻译该书是知识的冒险，也是思想的冒险，而冒险总是与危险相伴。从读者的角度考虑，该书的翻译改变了翻译《国家与祭祀》时的"直译"方法，而是更多地"意译"。这是为了便于读者阅读。读过生活·读书·新知三联版《近代的超克》的读者，大概都会对本书感兴趣，那是一个庞大的读者群，不宜为了"不留把柄"而漠视众多读者的阅读感觉。译文中大概存在着不少问题，期待方家指正。

本书的翻译得到了日本佛教大学濑边启子老师的帮助，谨此致谢！在翻译本书的最后阶段，适逢濑边老师在中国社会科学院文学研究所访学，我向她请教了许多问题。她为了回答我的问题，通读了原著，并把说明文字写在精致的小纸片上。即使是简单地确认一个词的用法，她也会做书面说明。那些纸片多达近百张，每一张都在展示她那种日本式的认真。我当面向她致谢的时候，她反而感谢我，说我促使她读了一本重要的书。她的致谢，使我再一次认识到翻译这本书的必要性。

2017年3月25日完稿于寒蝉书房